みんなで国語辞典！

これも、日本語

北原保雄❖監修
「もっと明鏡」委員会❖編

大修館書店

本書は左記キャンペーンの応募作品をもとに「もっと明鏡」委員会が編集したものです。

名称　みんなで作ろう国語辞典！　「もっと明鏡」キャンペーン
期間　二〇〇五年十月〜二〇〇六年三月
応募総数　十一万一四七二作品

主催　株式会社　大修館書店
審査委員長　北原保雄（『明鏡国語辞典』編者）

＊本書では、原則として応募作品の内容・形式を可能な限り尊重し、表記や形式は統一しませんでした。
＊本書は、応募者個人が自由に記述した作品を、国語辞典を模した形でまとめたものです。語釈、用例、用法解説等は国語辞典としての規範を示すものではありません。本書の内容に基づいた事実誤認およびそこから発生する損害については、その責を負いかねます。

まえがき

もの凄い数の新語が渦巻いている——。これが編集作業を終えた後の実感だ。まさに「スゴーイ!」の一語に尽きる。本書は、『明鏡国語辞典　携帯版』の新装発刊を記念して、国語辞典に載せたい言葉や意味・例文を募集した〝みんなで作ろう国語辞典!「もっと明鏡」キャンペーン〟への応募作品の中から一部を選定して編集したものである。

十一万一四七二という応募総数の多さにまず驚いた。しかし、その内容の多彩さには、さらに驚いた。若者の言葉、ネット・メールの言葉、学校の言葉、日常の言葉、オノマトペ、業界・専門用語など、あらゆる分野に新語や新定義、新用法が氾濫している。

困ったものだと否定するのは容易だ。しかし中には、なるほどと感心したり、共感できたりするものもある。ともかくこれが現代日本語の実態だ。

驚きと発見の連続する本だ。しばらく付き合ってみてほしい。

『明鏡国語辞典』編者　北原保雄

もくじ

まえがき……iii
凡例……viii
キャンペーン報告……194

1 若者のことば——多分、来年は通じません……1
イタい／インスパイヤ／株サー／小悪魔／コクる／3M／テンパる／ドN／ノーブラ／パンダ目／むしゃい…

何でもかんでも「～る」をつけて動詞に、「～い」をつけて形容詞にしてしまうのが若者語。でも、若くない人が無理して使うと微妙にイタいことになるので要注意！

2 学校のことば——学生の生態まるわかり……59

朝漬け／イカトウ／異装／置き勉／おな中／逆デビュー／GHQ／電通／はにわルック／勉蔵さん／浪人回し…

「勉強」「友達」「自転車」にまつわる学生らしい作品が多い一方、対人関係や世相に対しては大人顔負けのクールな視点の作品も。まさに大人の階段登り中!?

3 ネット・メールのことば——全部わかるとヤバイかも?……89

アウ族／裏山／H／K／おちる／ON友／圏外／スレ／絶対領域／チャカレ／着拒／ツンデレ／DD／デコデン／萌える…

顔文字、絵文字に2ちゃんねる用語……。とかくとっつきにくい印象のネットの世界や、アキバ系に代表されるオタク文化を理解するためのキーワード満載。

4 業界・専門用語——内緒話に使ってください……111
上がり／エイヤー／エレチュー／現説／五時スパ／是非モノ／そもそも論／天丼／火消し部隊／ヤラカシ…

「シータク、リーノーでザギンでシースー」。こんな懐かしの「ギョーカイ用語」ではなく、実際使われる「行政」「医療」「運送」「ギャンブル」など約60ジャンルの業界語が勢ぞろい。

5 オノマトペ系のことば——なぜか聞こえる、なぜか伝わる……135
アゲアゲ／うにうに／がばちょ／ぐだぐだ／さくさく／バクバク／ぱっつん／パヤパヤ／ボンッキュッボン／モハモハ…

同じ音のくり返しでこんなに伝わる不思議を満喫！　日本語の表現の幅を広げる、まったく新しいニュアンスのユニークかつ個性的な作品多数あり。

6 日常のことば・通のことば——辞典に載るのも夢じゃない？……149

傘かしげ／ギザ十／高等遊民／小間物屋を開く／三角乗り／地頭／純喫茶／粗辞／出来レース／バカップル…

めでたく『明鏡国語辞典』への収録が決定した「粗辞」をはじめ、意外な掘り出し物の作品が目白押し。辞典収録予備軍（？）ともいえる力作をご覧あれ。

7 言葉さまざま作品集——①辞書は創作／②辞書は人生……165

いい意味で／エロかっこ悪い／セレブ犬／便所民族／メーカーもの／うっちゃり婚／おかんクライシス／√3／ローンレンジャー…

創意工夫を凝らしたオリジナル語、身近な人への思いがこもった解説など、幅広い層から集まった名作（迷作）の数々。決して辞書には載らないけれど、これも、日本語。

はんれい【凡例】
書物の初めにあって、その編集方針・構成・使用法などを箇条書きにして示した部分。例言。(『明鏡国語辞典』より)

［収録ジャンル］

〝みんなで作ろう国語辞典！「もっと明鏡」キャンペーン〟に寄せられた十一万一四七二の作品から厳選した約一三〇〇語を収録。「若者のことば」「学校のことば」「ネット・メールのことば」「業界・専門用語」「オノマトペ系のことば」「日常のことば・通のことば」「言葉さまざま作品集①辞書は創作／②辞書は人生」の七ジャンルに分類する。

［見出しの示し方］

和語・漢語は平仮名で、外来語は片仮名で示し、各ジャンルごとに五十音順に並べる。表記形は、応募作品の表記を極力尊重し、見出しの後の【　】に掲げる。アルファベットによる略語や記号として使われるもの等については、読み方を示さない。

［略号・記号一覧］

同 同義語　類 類義語　反 反対語　派 派生語　補注 「もっと明鏡」委員会の注記　きたはら 監修者・北原保雄による評言

1 若者のことば

多分、来年は通じません

アイティーする【ITする】「アイス食べに行く」の略。「今日ITしようぜ」（鳥取県・高2・女）

アイぱち【アイパチ】 誰かと目が合うこと。「木村さんとアイパチした」（兵庫県・中学生・女）

あげパン【上げパン】 ズボンなどを極度に上げてはくこと。「お前、上げパンになってるよ」❖きもいと思われることもある。反腰パン（埼玉県・高3・男／千葉県・中2・女）

アバウティー「アバウト」の派生語。厳密でなくいい加減なさま。「アバウティーなやり方」「アバウティーな人」（和歌山県・中3・女）

きたはら 英語の形容詞には「プリティ」「ダーティ」など、「〜ティ」という形のものがたくさんあるので、このような英語の響きが頭の中にあって作られた語でしょうか。

あぶってる あぶれる（余り者になる）の変化形。何かからはみ出ているさまを表す言葉。主に親しい友人などに使う。「Yシャツあぶってるよ」（北海道・中2・女）

きたはら 動詞、たとえば「座る」には昔は継続や状態の意味があったのですが、現代ではその意味がうすれて「座っている」のように「〜ている」を補う言い方をします。このように、日本語の動詞はそのままの形ではだんだん継続や状態を表せなくなってきています。「〜ている」という言葉の投稿が多かったのは、なんでも「〜ている」をつけないと継続の意味が伝わらないという話し手の気持ちによるものでしょう。

アポって「私のことを誘って」という意味。例えば、遊びに行く時に、自分のことを誘って欲しければ「アポって」と使う。❖今、渋谷の若い女の子のはやり言葉。（東京都・中2・女／兵庫県・高2・女）

物が腐る。「冷蔵庫に入れないとあめるよ」

ありえない ❶ある結論や結果、提案などが、不適当であり認められないさま。「いやあ、その話はありえないっしょ、実際」(東京都・32歳・男)❷「まさか」と思うような状態、普通では考えられないことに驚いたときに口をついて出る言葉。「あの人がテストで百点を取ったなんてありえない」(東京都・中2・女)❸本当は充分起こりうる可能性を感じてはいても、少々おおげさに驚きを表現するときに使う言葉。「ありえな～い」とのばして使う。「彼が結婚するなんて、ありえな～い」(静岡県・45歳・女)

いえでん【家電】 家庭に設置してある固定電話のこと。「家の電話」の略。「家電のほうに連絡ください」「家電ないから携帯に電話して」❖携帯電話の普及により、それと区別するために生まれた若者言葉。類陸電(徳島県・22歳・女)

いきおいどまり【勢い止まり】 勢いだけで、結局、行動は起こさないこと。「焼き肉おごる勢いでおめでとう。あ、勢い止まりね」(岐阜県・高3・女)

いけめん【イケメン】 顔立ちの良い男性の顔のこと、ハンサムな顔のこと、あるいは顔立ちの良い男性自身のことを示す。九〇年代後半より若者の間で物事や人物を好ましく評価する時に「イケてる」と表現するようになり(主に格好良い、の意)、その派生語として定着した。主に若者言葉だがマスコミなどでも頻繁に使用される。「イケメン弁護士」「あそこのお店はイケメンぞろいだ」(広島県・27歳・男) 反**ブサメン**＝十代後半～二十歳までの男の人の中でも特に、今の時代にはそぐわないブサイクな人のこと。「あの人って、いつからあんなブサメンになっちゃったの？　すごくキモイ」(神奈川県・高2・女) 補注「メン」の解釈については「イケてるメンズ」が有力だが、「イケてる面」とする説もある。

方言メモ　北海道からの投稿
【あめる】

いたい【イタい】 元の意味の、身体に感じる痛みではなく、他人から見た場合の度が過ぎた哀れさ、痛ましいさま。「マンガの登場人物好きになるって相当イタいよね」(神奈川県・18歳・男／神奈川県・高1・女ほか)

いなプリ 田舎のプリクラの機械のこと。プリクラ機が古いという意味。「いなプリしかないね」(愛知県・高2・女) 補注 ひと口に「プリクラ」といっても最近では美肌に写るものや、撮影時にBGMがかかるものなど多彩な機能が求められているのである。

いみふめい【意味不明】 ❶意味がはっきりせずわからないこと。❷実は意味はわかっているが、理解できない考えだ、という反論の意味で使用されることもある。省略して「意味不」「意味プー」とも。(千葉県・高2・女／山梨県・高3・女ほか)

いもる【イモる】 恐れる。怖がる。またその様子。「イモってしまってそんなことできない」❖そんな様子の人を「イモリ虫」と呼ぶこともある。(長崎県・高2・男)

いろち【色ち】 「色違い」の略。「あの子と色ちの服」(徳島県・中2・女)

インスパイヤ ❶真似したにもかかわらずオリジナルを主張すること。(兵庫県・33歳・男) ❷著作物の盗作や、アイデアを真似したことを婉曲に伝えたいとき、うやむやに誤魔化したいときに使う。❖inspire(インスパイア)とは意味がまったく異なることに留意されたし。(福岡県・18歳・男) 補注 inspire＝触発する、(人)を促して～させる。

うすぎき【薄聞き】 人の話をうっすらとしか聞いていないこと。(静岡県・高3・女)

きたはら 「うす」が上に付く語には「薄暗い」

✎ 最下位。「徒競走でげっぱになってしまった」

「薄明かり」「薄汚い」などいろいろあります。また「うすうす」（＝はっきりはしないが、いくらかはわかるさま。ぼんやり。）という副詞もあります。「薄聞き」は「うすうす聞く」というところから作られた語でしょう。意味はよくわかりますね。

うだい　むかつく。だるい。やりきれない感じ。「あいつ、うだいし」「宿題がうだい」（大阪府・高1・男）

うだる【ウダる】　会話がまともに続かない状態や、まともに物事が進まない状態になること。「ウダウダする」から派生した言葉。「今日の約束、ウダってるわあ」（大阪府・高2・女）

うらとも【裏友】　❶会社や学校等、普段顔を合わせる場所以外の友達。「昨日、裏友とライブに行ってきたんだ」❷ネット等で顔を見ない状態の友達。「裏友からたくさんお祝いメールが届いたんだ」（神奈川県・30歳・女）

ATM　「ATaMi（＝熱海）」の略。「今度の週末、どこの温泉行く？」「やっぱATMの温泉でしょ」（静岡県・高3・女）

NHK　「日本ひきこもり協会」の略称。（熊本県・高1・男）［補注］二〇〇二年に刊行された滝本竜彦氏の小説『NHKにようこそ！』（角川書店）で使われた表現。「日本放送協会」とは同表記だが別物。

FMG　父からお金をもらうことの遠回しな言い方。F＝father M＝money G＝get。（岡山県・中1・女）

エモい　❶感情的だったりテンションが高くなっている状態。「今、すごいエモい」「君、言葉がエモいね」（栃木県・中3・男）❷天然パーマの人のこと。「Y君はエモいと思う」（静岡県・高専3・男）［補注］「天然パーマ」がテンションの高い髪型ということか？

方言メモ　北海道からの投稿

【げっぱ】

えんれん【遠恋】 遠距離恋愛。遠く離れたところに恋人、または好きな人がいること。「太郎には遠恋の彼女がいる」(東京都・17歳・女)

オール

夜通しで、何か楽しいことをすること。「昨日は渋谷でカラオケをしてオールだった」「今日はオールで友達と語り合う」❖主に遊び等で夜を明かすこと。楽しいことは「オール」、つらいことは「徹夜」と気持ちによって区別する。「勉強をして徹夜する」(神奈川県・高2・女／東京都・高1・女)

きたはら 「オール」は「オールナイト」の略でしょう。all night は正しい英語です。「徹夜」は使い古された語ですし、勉強をしたり、看病したりというような暗い、つらいことを連想させます。また、発音からして固く厳しい感じがします。それに対して「オール」は、軽く浮かれた感じがするのでしょう。

おギャル【汚ギャル】 お風呂に入らない、同じ服を何日も着る、歯を磨かないなど、とにかく汚い女子中高生。厚化粧、派手好き、目立ちたがり、などの特徴がある。(岐阜県・高3・女)

おきら【オキラ】 嫌いな(嫌われている)物、人、こと。「AちゃんってBさんのオキラだよね」反オキニ(愛知県・高1・女)

おける【オケる】 カラオケをすること。「今日オケりに行こう!」「いっぱいオケったねぇ」(北海道・中2・女)

おされ【オサレ】 「オシャレ」の意。ただし、周りの人が見ると、そう受けとられないこともある。また、普段はオシャレをしない人が、めずらしくオシャレしたときの照れかくしとして使うことも。「オサレな子」❖主にバンギャが使用する。(宮城県・中3・女)

補注 「バンギャ」はヴィジュアル系バンドのファンの女

ティッシュを鼻につめること。「鼻水出てるよ！　つっぺしなさい」

の子のこと。「バンギャル」ともいう。

おたい【オタい】 オタクなさま。「オタい人」「オタい！」(広島県・中3・男)

おっつ ❶「お疲れさま」の略。❖他人にかける言葉。❷不意を突かれたり、驚いたときに発する「おっと」の意味。❖失敗しそう、あるいはしてしまった時に、独り言的に使う。「おっつ。危なかった」(群馬県・中2・女)

おとこ【漢】 性別。「男」とは全く別物。男の中の男。武士の信念を持った人。涙もろくて力持ち。「漢なら、肩に咲かせろ、山桜」(京都府・中3・男)

おとながい【大人買い】 財力に余裕のできた大人が商品を大量購入すること。「彼は、あのオモチャを大人買いした」❖少年期に果たせなかった夢を果たす場合が多い。(茨城県・高3・男)

おなかいっぱい ❶飲食により胃部が満たされた状態。❷あることを十分すぎるほど堪能することで、満たされた心理状態。❸逆に、ある物事や状態をイヤというほど強いられ、これ以上は耐えられないという心理状態。「ジャイアンの歌は、一曲でおなかいっぱいだ」(兵庫県・31歳・女)

おなぺこ【おなペコ】 お腹がものすごく空いていること。「今、マジでおなペコなんだけど」(愛知県・高3・女)

おに【鬼】 接頭語。最上級に嬉しいときや怒っているときに使う。「あの子鬼むかつく！」「何あれ！鬼かわいい～」❖「超」「バリ」「鬼」の順に、感情のレベルが高い。(奈良県・高2・女／大阪府・高2・男)

きたはら 「鬼」には「鬼あざみ」「鬼やんま」など形が大きい、異形であるという意味がありますが、この普通のものから外れているというところから、程度が最上級という使い方が出てくるのでしょう。「バカ力」「バカ正直」などの「バカ」と共通するところがありますね。

オファー　告白すること。「きのう、A君にオファーされた」(愛知県・高3・女)

おもちかえり【お持ち帰り】　❶ファーストフードや惣菜《そうざい》を店内で食べず、持ち帰ること。「こちらでお召し上がりですか？　それともお持ち帰りですか？」❷狙った異性を口説き落として、自宅または宿泊施設に連れ込むこと。およびその後の行為。「初対面なのにお持ち帰りされちゃった〜」(大阪府・35歳・女)

おやじる　「おやじの汁」の略で、許せないという意味。「何あいつ？」「すんげーおやじるなんだけど！」❖おやじの汁は許せないということから若者が作った言葉。(茨城県・中2・女) 補注「汗」と「汁」をかけている。

おろそ　おそろい。「AちゃんとBちゃんの洋服はおろそだね」「私とあなたの持ち物はおろそが多いね」❖中学生を中心に使われる。(栃木県・中2・女) 補注「おそろ」ではなく、あえて「おろそ」。

きたはら　三音ともオ列音で発音上もひっくり返しやすい語ですが、ひっくり返して他の人にわからなくして遊んでいるのでしょう。

かくる【カクる】　電車で各駅停車に乗る。「急行はいつも人が多いからカクる」類ローカる(神奈川県・高2・男)

がしる【ガシる】　目頭が熱くなって涙が出そうになる。「なんか感動してガシってきた」「彼女の復帰戦では心からガシった」(広島県・中3・男／神奈川県・高2・男)

カスタネットむすめ【カスタネット娘】　ヒールのサンダルなどで、階段を「カンカン」と大きな音

交換する。「このパンとそのおにぎりばくってー！」

をたて歩く女性。「彼女は今までに見たことのないほどのカスタネット娘だ」❖大学などで使われる。（鹿児島県・中2・女）

ガスる　ガストで食事をすること。「これから一緒にガスろうぜ」（埼玉県・中3・男）

かせき・なまかせき【化石・生化石】【化石】❶地質時代の生物の遺骸。岩石の中に残されたもの。「ある学者が化石を発見した」❷恋人もおらず、好きな人さえいない人のこと。「あの子まだ化石なの？」【生化石】恋人はいないが、好きな人はいる人のこと。「私いま生化石なんだよね」（愛媛県・高3・女）

きたはら　強烈な意味づけですね。化石ではもう全くおしまいという感じです。

がぜん【俄然】「やっぱり」「断然」などの意味。従来の「突然」や「急に」とは異なる、最新の意味をもった言葉。「俄然パラパラ」「俄然トランス」「俄然ブチアゲ」「俄然メンエグ」など。❖若者のあいだで乱発されている。（栃木県・中3・男）

きたはら　若者だけでなく一般にも使われていますから新しい使い方ではありませんが、最新のカタカナ語などに際限なく冠するのは若者の用法です。

かたすれ【肩すれ】❶髪の毛の長さが肩スレスレに短いこと。「肩すれでお願いします」❷ショルダーバッグの摩擦で肩の部分がすれてしまうこと。「バッグで肩すれした」（神奈川県・中2・女）

かたぱん【肩パン】　肩をパァンとたたくこと。主に何かの罰ゲームとして使用される。たたく側にも技術が求められるが、たいして力を入れなくても、ものすごく痛い。「教頭先生に肩パンをされた」❖はやりだすとなんの前ぶれもなく突然されることもあるので、警戒が必要。（岐阜県・高1・女）

方言メモ　北海道からの投稿

【ばくる】

がっつり

思う存分に何かをしたり、しようとするさま。「きのうはカラオケで、がっつり歌ったよ」「焼肉だから今日は肉をがっつり食べるぞ」（愛媛県・25歳・女）

カップルつなぎ 交際している男女が、指を互いの指の間に入れる手のつなぎ方。（山梨県・高1・女）

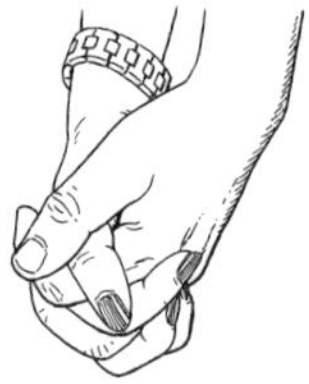

カップルつなぎ

かぶサー【株サー】 株、オプション、債権などを実際に投資・投機し、研究する大学生サークルの総称。「どこの株サー入ってるの？」「慶応」❖「サー」は「テニサー（＝テニスサークル）」「イベサー（＝イベントサークル）」など接尾語的に使われる。（東京都・20歳・女）

カポー 男女のカップルに対し皮肉をこめた呼び方。「あいつらカポーじゃない？」「あのカポー腹立つわ」（千葉県・中2・男）

かもい【カモい】 楽、簡単である様子。「今日のテストはカモかった」（大阪府・中1・男）

かもめ【カモメ】 ❶主に、海などに生息する鳥。「カモメが飛ぶ」❷つながった眉毛のこと。「最近、眉毛がカモメになりかけている」類錦帯橋（千葉県・中1・女）

カモメ

カラコン 「カラーコンタクト」の略。瞳の色を変えるためのコンタクトレンズ。（大阪府・高1・男）

からまつげ マスカラをつけた上まつげと下まつげがくっついていること。「絡まりまつげ」から。「からまつげで目がよく開かない」（長野県・18歳・女）

✎ べんじょコオロギ。「あのはったぎどごさいったー!!」

かりぱく【借りパク】 人に借りたものを返さず、まるで盗んだような状態になること。「友達から借りパクした」「これ借りパクするなよ」(和歌山県・中3・男／山口県・高2・男)

がりマッチョ【ガリマッチョ】 見ためはやせているが、実際は身体が引き締まって筋肉質な人のことを指す。「彼女ってガリマッチョだよね～」❖「ガリムキ」ともいう。(京都府・中3・男)

がりる【ガリる】 ❶生徒が休み時間中などにもかかわらず勉強ばかりしていること。「佐藤くんは数学を昨日ガリったそうだ」❖進学校でよく見うけられる。❷ダイエットをして、急激にやせること。「安藤さんは、ここ一週間でガリった」❖女性に使われる場合が多い。(富山県・高2・男)

かれしもどき【彼氏もどき】 彼氏ではなく、友達以上恋人未満の関係の男の人。「その人彼氏もどきぢゃない?」(福島県・高3・女)

がん【ガン】 物事を強調するための接頭語。「ガン見すんなよ(＝直視の強調)」「ガンギレした(＝キレるの強調)」❖歯切れがいいからよく使われる。(東京都・高3・男)

きたはら 同類の語に「ごり」や「げろ」(ともに後掲)といったものもあります。いずれも濁音から始まる強い音をもっていて、強烈なイメージを相手に伝えるという効果があります。例文からすると、語源は「眼(がん)を付ける」の「がん」でしょうか。語調がいいということもあって使われるのだと考えられます。

がんぐろ【ガングロ】 ❶顔を黒くメイクして、街中を歩くギャルのこと。❷「顔面グロテスク」の略。(京都府・中2・男)

きたはら ①はもう古くなりましたが、②の「顔面グロテスク」は強烈ですね。

方言メモ　青森県からの投稿

【はったぎ】

かんちゅー【間チュー】「間接キス」の略。誰かが飲んだりした物を違う人がそのまま飲むこと。「いま、間チューした」「それ飲んだら、私と間チューしちゃうよ」❖中学生ぐらいの世代が使う。（山形県・中2・女）

がんぶロン【ガンブロン】顔面が不細工でロン毛の人。「ガンブロンなやつだ」❖程度のはなはだしい場合は「チョガンブロン（＝超顔面不細工ロン毛）」。（大阪府・高2・男／山形県・高3・女）

きえねた【消えネタ】❶いつの間にかテレビに出なくなった芸能人、芸人、知人の話題。「消えネタだけど、さんぺーっていたよなぁ…」❷古いギャグ、言葉。（福井県・高2・女）

ぎこる【ギコる】ぎこちなくなる。挙動不審になる。「うわー、俺、今日面接でギコってもおた」（大阪府・高3・女）

ぎっしゅ　顔や体など、肌が脂っぽい状態。脂取り紙を使用する前の肌など。❖「脂ぎってる」から。（群馬県・高3・女）

きもかわいい【キモかわいい】「気持ち悪い」の略語である「キモい」と、愛すべきという意の「かわいい」という単語を結合した若者言葉。気持ち悪いけれどかわいい。一見相反する「醜さ」と「愛らしさ」を共有する対象を的確に表現する言葉。「あの子の彼氏ってキモかわいいよね」「よし、今回の商品はキモかわいさを追求しよう」（新潟県・22歳・男）

きゃぴる【キャピる】若々しくふるまうこと。「あのおばさんちょっとキャピりすぎじゃない？」（群馬県・中2・女）

きたはら　「きゃぴきゃぴ」という擬態語もあります（後掲）。まだ、国語辞典には載っていない新語ですが、「キャピる」はそれをさらに一歩進めた語ですね。

恥ずかしい。「わぁどはなんも言えねぇんだものな、おしょすいはんで」（私はなにも言えない、恥ずかしいから）

きゅんじに【キュン死に】 ❶一瞬で、極度に恋に落ちること。❷もともと好意を持っていた相手の言葉や仕草、行動により、胸が締め付けられるような錯覚に陥り、それによって、骨抜きになってしまうこと。（北海道・中3・女）❸小犬など、かわいいものを見て「キュン」としすぎた状態。「やばい、キュン死にしそう」（兵庫県・中2・女）

補注 集英社マーガレットコミックス『ラブ★コン』（中原アヤ著）登場人物のセリフに由来。

きょうかけい【強化系】 がんばり屋だが、単純で、一途《いちず》、どこか間の抜けている人。「あいつ、きっと強化系だぜ」（三重県・中3・男）

きょう、ちょうこ【キョウ、チョウ子】 胸の下までボタンやファスナーをしめて、胸の大きさを強調すること。「あの子、キョウ、チョウ子だね～」（栃木県・中3・女）

きょどる ❶「挙動不審な行動をとる」の略。オドオドしていて落ち着きがない人のことを指す。「お前、なにきょどってるん？」❷不気味で怪しい行動をとる。「お母さん。あの人きょどってるよ？」「見ちゃいけません!!」（大阪府・高2・男）

きたはら 「挙動不審」を「挙動」と省略することに、そもそも無理がありますが、その「きょど（う）」に「る」を付けて動詞化したものだそうです。「きょときょと」（＝落ち着かない様子であたりを見回すさま）への類推も働いているのでしょう。

キラースマイル 一瞬にして人をとりこにしてしまう笑顔。「あのキラースマイルにやられた」（宮崎県・中3・女）

きらお【キラ男】 容姿に優れ、肩書きも立派で、才能に溢《あふ》れた、カッコイイ男性。「あのサークルにはキラ男が多いらしい」（埼玉県・高3・女）

方言メモ 岩手県からの投稿

【おしょすい】

きたはら　投稿作品の中に「～男」という語がたくさんありましたが、女性は集まって男の子の品定めをすることが多いのでしょうか。

きらす【キラス】　めっちゃ怒ってるさま。「うわっ!!　めっちゃキラスわぁ」（北海道・高3・女）

ぎりセー【ギリセー】　「ギリギリセーフ」の略。「学校につくのがギリセーだった」❖学校などで時間に間に合うか合わないかの瀬戸際に使う。（大阪府・中1・男）

きれる【キレる】　❶糸がぷっつんと切れるように、自分への中傷的行為を我慢できなくなり、怒ること。「クラスのみんなから陰口をたたかれていた彼はとうとうキレた」（京都府・中1・男）❷一瞬の感情の高まりで怒り状態になり、他の人や物を傷つけること。「シャーペンを落としてしまっただけで花子さんはキレた」❖人の過ちを正すために怒ることをキレるというのは間違った使い方である。（北海道・中3・男）

きわい　きわどい。微妙である。「この味きわいな」「あの人の顔きわいな」（京都府・中3・男）

きたはら　「きわどい」は「際疾い」で、「きわ」は「際立つ」「きわぎわしい」などの「きわ」です。したがって、「きわい」という形容詞が作られる必然性はあるのです。「ど」を省略して楽しんでいるのでしょうが、「きわ」の存在に支えられているところがあると思います。

きんゆうけい【金融系】　上下ジャージでスタイリングしたギャルのこと。❖リアルな金融の人っぽいからこの呼び名に。（東京都・18歳・女）

くうきをよむ【空気を読む】

場の状況や雰囲気に応じて、臨機応変な言動をとる

それはそれは。「じゃじゃじゃじゃ、どうもありがとやんしたっす」

こと。一般社会において、平穏無事に生きる為には持っている方が望ましい能力。「彼の空気を読んだユーモアに、周囲の人々はいつも和まされる」(新潟県・24歳・女)

くるぶし スニーカーソックスの通称。靴下の長さがくるぶしの所までしかないため、「くるぶし」と呼ばれると考えられる。「このくるぶしカワイイ！」(千葉県・中1・女)

くろコン【黒コン】 黒色のコンタクトのこと。目が大きく見える。「今日黒コンつけてる？」❖韓国の女優が使用していたため日本でも流行した。(愛知県・高2・女)

けい【系】 (〜系の形で)❶何かをしようとした時、あるいは、何かをした時に文末に付く言葉。「教科書を忘れちゃった系」❷相手を誘ったり、疑問を投げかける時に文末に付く言葉。「一緒にご飯食べる系？」❸ファションなどのスタイルの系統。「渋谷系の格好」(神奈川県・高3・女)

けいりょうか【軽量化】 遊び好きで、ふらふらしている近年の軽い若者たちのさま。「中2でキス済みなんて軽量化してるね」(愛知県・高3・女)

KD ❶携帯電話のこと。ローマ字の「Keitai Denwa」を略してKD。「お前、学校にKD持ってくんなよ〜」❖主にからかったり非難したりする時に使う。(三重県・中3・男)❷「高校デビュー」の略。「あの人KDだよねぇ〜」❖小学校・中学校と無名で目立っていなかった人が高校でいきなり目立とうとすると言われがち。(静岡県・高2・男)

げきぺこ【ゲキペコ】 とても、お腹がすいている様子。「まだ二時間目なのにゲキペコ」(神奈川県・中1・女)

方言メモ 岩手県からの投稿
【じゃじゃじゃじゃ】

げじまゆ【げじ眉】 テスト期間や忙しい時期など、他のことに手がつけられなくなった時に手入れを怠り、げじのようにはえた眉毛のこと。「忙しくて眉毛の手入れもできなかったから、げじ眉になったわ」（宮崎県・高2・女）

けしょる【化粧る】 化粧をすること。「あれ、今日化粧ってないじゃん？」❖主に女子高生が使う。（愛知県・中3・女／山形県・高2・女）

げセレブ【ゲセレブ】 セレブのなりそこない。急にセレブになってお金を何にどう使っていいのかわからないセレブもどき。❖セレブであることをほめるとかなり機嫌が良くなる。（愛知県・高2・女）

ケチャラー とてもケチャップが好きな人。何にでもケチャップをかける人。「私、ケチャラーよ」類マヨラー（宮崎県・高1・女）

げろ【ゲロ】 程度がはなはだしいさまを表す接頭語。形容詞に付けられる。「この飯、ゲロうまやなあ」❖古文単語の「いみじ」のようなもの。（大阪府・高2・男）

ケンチキ 「ケンタッキーフライドチキン」の略称。「今日、ケンチキ行こーう！」「いいよ」（長崎県・高3・女）

こあくま【小悪魔】 男性をたぶらかすのが上手で、それなのに憎めない女性。押したり引いたりのかけ引きが上手い。とにかくよくモテる。「あの子は本当に恋愛に関しては小悪魔だね」（兵庫県・高3・女／東京都・高1・女ほか）

こいばな【恋バナ】 「恋の話」の略。高校生を中心にお互いの恋愛の話をする時に使う。「恋バナしよー！」（群馬県・18歳・女）

いくじなし。「このずくたれが！」

コール 人に対して鼓舞もしくは侮蔑するため、数人が一丸となってとるリズム。または、それに付随する声、手拍子などの総称。「帰れコール」「イッキ（飲み）コール」（東京都・22歳・男）

ゴギる【ごぎる】 ドタキャンする。「昨日友達との待ち合わせをごぎられた」❖中国のゴギさんが小泉首相との会談をドタキャンしたことから。（愛知県・中3・女）補注 二〇〇五年五月に中国の呉儀副首相（当時）が、小泉前首相との会談を直前でキャンセルしたことから。

こくい【酷い】 ❶物事に関心が無く、冷たい感じ。❷毒舌をふるったり、人に対する応答が厳しいさま。「少し酷いことを言うけど、お前足がニオウぞ」（神奈川県・中2・男）

きたはら 本来、「酷」のような漢語は「〜い」という形の形容詞にはなりにくいのです。「酷だ」「冷酷だ」のように「だ」を付けて形容動詞を作ります。ところが、若者言葉では、「雑魚（ざこ）だ」を「ザコい」、「雑（ざつ）だ」を「ザツい」のように簡単に形容詞にしてしまいます。「告白する」というサ変動詞を「コクる」とするのと共通していますね。

こくる【コクる】 好きな人に好きだと告白する。「あたし鈴木君にコクられちゃった」❖「告る」ではなく「コクる」で表記されることが多い。（岐阜県・34歳・女）

こしパン【腰パン】 ズボンなどを腰のあたりではくこと。「お前腰パンになってるよ」「腰パンしすぎると足が短く見える」❖関連して「見せパン（＝わざと見せるような下着）」などもある。反 上げパン（埼玉県・高

腰パン

方言メモ 岩手県からの投稿
【ずくたれ】

3・男／愛知県・高1・男）

こしる【コシる】 腰が引ける。びびっている。「お前、何コシってんだよ！」❖喧嘩の時などに使う言葉。（北海道・中3・男）

こやじ【コヤジ】 二十代後半〜三十代で、若いのにオヤジがかった人。「そろそろあの人もコヤジだ」「あの人、コヤジ!?」（宮城県・中3・女）

ごり【ゴリ】「強い」「弱い」などの前につけて、より「強く」「弱く」を表現するための接頭語。「あいつ、けんかゴリ強だよ」「あの人スキーがゴリうまだよ」（東京都・高3・男）

ざこい【ザコい】 弱い。「お前、マジザコい」（新潟県・中1・男）

さしょうけい【詐称系】 自分のプロフィールや過去をウソで塗りかためるタイプ。たいていナルシストで、自信過剰、また、つかなくても良いバレバレのウソをつくようになるので、他人の話のネタにされたり、本人のいないところでその発言がブームになったりする。（埼玉県・高3・男）

さだこ【貞子】 ❶暗い女の子。「あの人貞子じゃんっ」❷幽霊の総称。「貞子見ちゃった」❸前髪の長い人。（神奈川県・中2・女）補注 映画化され大ヒットとなった『リング』シリーズ（原作・鈴木光司）に登場する山村貞子から。

ざつい【雑い】 ❶雑なさま。❷部屋を丸く掃くようなさま。（愛知県・高3・女）

ザッツデイ「That's day」。生理期間のこと。恥ずかしがらずに言えるように暗号のようにして使う。「昨日から私、ザッツデイになっちゃったんだ」（埼玉県・高3・女）

水にひたしておく。ふやかす。「茶わんをうるかす」

さむい ❶程度のひどさのあまり周囲が冷めた反応しかしないようなありさま。❷(①のうち、特に)ギャグがすべった様子。「新人芸人のさむいギャグで会場は一瞬にして凍りついた」❸失恋した時などの、心が寂しい様子。「見ていて痛々しいまでにさむそうだ」❹髪の毛の少ない様子。「あの人さむい頭してるね」(静岡県・高1・女／広島県・高2・男)

サンダる 夜中、小腹がすいてコンビニに走ること。「ちょっとサンダって来てよ」「一緒にサンダろうよ」❖アクセントに注意(ダ音に強勢)。履きものの「サンダル」ではない。(長野県・高2・男／鹿児島県・高2・男ほか)

し ❶ある事柄に加えて別の事柄を述べる時に使う接続助詞。「ごはんも食べたし、風呂も入った」❷文を無責任かつあいまいに終え、「ビミョー」な感じを出す時につける助詞。「俺知ってるし～。もうやったし～。眠いし～」❖頻繁に使われると腹が立ち、「その〝し〟の続きは何だ！」と追及したくなる。(静岡県・35歳・男)

GOT 「牛メシ(＝G)大盛り(＝O)つゆだく(＝T)」の略。「GOTで!!」(東京都・高3・男)

GJ 「Good Job(グッドジョブ)」の略。「いい仕事してます」という意味。「君、いいねえ、GJ！」❖ほめ言葉として使われる。(東京都・中3・男)

JC・JK 【JC】「女子中学生」の略。【JK】「女子高生」の略。(山梨県・高3・女)

じかじょう【自過剰】 「自意識過剰」の略。周りの話にすぐ反応し、なんでも自分のことのように感じること。またその人。(兵庫県・16歳・女)

じかじょう【自過嬢】 自意識過剰な女の子。❖男の子は「自過坊」。(三重県・中2・女)

方言メモ 宮城県からの投稿

【うるかす】

しかってィング【しかってぃんぐ】 無視すること。「しかってぃんぐされた」類シカティ（埼玉県・中2・女／神奈川県・中1・女）補注「しかと（＝無視すること）」から。

しくる 「しくじる」の略。「しくった！　宿題忘れた!!」❖「しくった」と過去形で使うことが多い。（大阪府・中2・女／北海道・高専3・女ほか）

しけま【シケ間】 白けている間。面白くないことを言って周りの人が何のリアクションもなくただ時間だけが過ぎている間。「ふとんがふっとんだ!!」「……」のような状態。（大阪府・中1・男）

しける ❶場の状況をわきまえない発言によって、場の空気が一変して、白けること。「場の空気を読まずに発言をしたことによって、しけた」（京都府・中1・男）❷やる気をなくすこと。「昨日、楽しみにしていた番組が見られなくて、しけた」（秋田県・中1・女）補注 語源については「白ける」が短くなったという説が多数。「時化る」「湿気る」という表記の投稿も。

じこまん【自己満】 「自己満足」の略。自分だけが満足していて、他人に認められない様子。「今日、髪型うまくいったのー」「へぇー自己満じゃん？」（神奈川県・高2・女）

しったげ【知ったげ】 知らないことを知ったふうに言うこと。「あの人知ったげ」（広島県・高2・男）

じてこ【ジテコ】 自転車のこと。「ジテコで買い物に行くわ」❖ジテンコとも。（奈良県・高2・女）補注「自転車」と「チャリンコ」の折衷か。

しどい 「ひどい」よりもっとひどい。「アイツの服装はマジしどいよ」（神奈川県・高3・男）

しぬ【死ぬ】 別に死なないけれど、限界がきそうな

破産すること。「となりの長男、パチンコに夢中でかまどけしてしまった」

ときに、その状況を知らせるための表現。「寒くて死ぬ」（神奈川県・高1・男）

しぶしぶ【シブシブ】 渋谷駅近くの献血ルーム。献血前後に新聞や雑誌を見られるだけでなく、アイスクリーム、ジュースなどを無料で飲食できたりする。また、成分献血中にはテレビ、ビデオ等を観られたりするので、若者の間で流行している。（東京都・高1・女）補注 採血した血液から血小板や血漿《けっしょう》だけを採取し、それ以外を返血する成分献血では、六十分～九十分ほど時間がかかるため、こうしたサービスが設けられている。

じべたリアン【ジベタリアン】 十代～二十代の男女が駅のホーム等、「地べた」に座りこみ、雑談をするという迷惑な行い。❖「ベジタリアン」からのアレンジ。（奈良県・中1・男）

じみーズ【ジミーズ】 ❶学校や仕事場で、グループでいる消極的で地味な人たちのかたまり。「ジミーズの中の子が作文で賞をとった」（大阪府・中3・女）❷家の中にとじこもって、ゲームばかりしている陰気な集団。「地味」な集団なので、「ジミーズ」となった。「ジミーズに入るような性格は避けたい」（広島県・高1・女）補注「地味ぃズ」という表記の投稿も。

じみに【地味に】

秘かに。ちゃっかり。実は。相手に知られていないさま。「私、地味に宿題終わってるから」（北海道・高2・女）

きたはら 本来の「目立たないさま」という意味が拡大して使用されていることは知っていましたが、「ちゃっかり」という意味に使うのは新しいですね。

じもとリアン【ジモトリアン】 （地元をひとつの国と見立てて）そこに住む人。英語でアメリカ国

方言メモ 宮城県からの投稿

【かまどけし】

民のことを「アメリカン」と言うのと同じ。地元人。「道に迷ったら、ジモトリアンに聞くといい」類ジモティー・ジモっち・ジモッピー（千葉県・高1・女／神奈川県・高1・男）

じもる 地元で遊ぶ。主に高校生などが地元の仲間と一緒に遊ぶ時に使う。「久しぶりに幼なじみとじもった」（神奈川県・中1・女）

ジャイアニズム 他人の物を自分の物と考え、時として他人の権利を暴力、強迫によって侵害し、罪悪感は全く感じずに自分の思いのままに物事を進めようとする思想や運動。俺様主義。「彼はジャイアニズムだ」（福岡県・中1・男／千葉県・高3・女）補注藤子・F・不二雄作の漫画、『ドラえもん』の登場人物、剛田武（通称ジャイアン）に由来。

しゃきる ❶しきる。「勝手にしゃきり出す人」❖客観的に見て、鬱《うっ》陶《とう》しいという意も含まれる。❷妙にやる気があり、はつらつとした言動をとる。「彼一人がしゃきっているようだ」❖たいていの時、周囲がやる気がない場合の比較として用いられる。（和歌山県・中2・女）❸自分から進んでやること。「彼は急にしゃきりだした」（大阪府・高2・男）

しゃしゃる ❶調子づく。調子に乗っていきがる。自分勝手にふるまう。「お前しゃしゃんなよ」（群馬県・中2・男／三重県・中3・女ほか）❷でしゃばる。他人の会話にいきなり突っ込んでくる。（神奈川県・中1・男）派**シャシャリン**＝でしゃばる人、自分勝手な人。「あいつちょーシャシャリンじゃねぇ？」（山梨県・中2・女）

しゃばい【シャバい】 男としてよろしくない。格好悪い。「あいつシャバっ」（広島県・中3・男）

しゃれお おしゃれな男性。「彼はしゃれおだ」（東京都・高2・男）

✏つらら。「屋根の下さいけば、たろんぺ落ぢでくるがもしれねーがら、行ぐなよ!!」

しゅんぱ　「とっても速く」の意。「こんな宿題しゅんぱで終わらせたよ〜!」(大阪府・高2・女)[補注]「瞬発的に」の意か?

しょうじきベース【正直ベース】　本当のところは。「正直に言うと…」というよりは軽い感じ。「いや〜、正直ベース、あの娘《こ》のこと気になってるんだよね」(高知県・25歳・女)

しょうぶふく【勝負服】　デートや合コンなど、気合いが入った時に着る、お気に入りの服。「今日の勝負服、かわいいね」(茨城県・22歳・女)

しょうわ【昭和】　動きや言動が少し古い人。「ちょっと昭和っぽくない?」(静岡県・高2・女)[派]**昭ドル**＝昭和のアイドルみたいな人。「あいつ昭ドルやな〜」(福井県・高2・男)

[きたはら]「明治は遠くなりにけり」という言葉がありましたが、昭和も「遠くなりにけり」ですか。現在の中高生は平成生まれですものね。

じょきょる【除去る】　削除する。「ゲームのデータを除去る」(熊本県・高1・男)

しょっぱい

❶料理において塩加減が過ぎて塩辛いさま。「しょっぱい味噌汁だ」❷お金や品物を使うべきところで惜しむようなさま。俗にいうけち。「うちの社長はしょっぱい」❸プロレスなどでファンを満足させることのできない選手を「しょっぱい奴」といったりする。また同様に中途半端な試合を「しょっぱい試合」といい、ファンから軽蔑される。(兵庫県・34歳・男)❹味気ない。ダサい。寂しい感じ。「ボーカルとギターとドラムだけのバンドなんてしょっぱい」(神奈川県・高2・男)

ジョナる　ジョナサンで食事をする。「今からジョナらない?」「昨日私はジョナりました」(東京都・中2・

方言メモ　秋田県からの投稿

【たろんぺ】

女／静岡県・高3・女ほか）

じょぶ【ジョブ】「大丈夫」の略。「昨日休んでたけど、ジョブ？」「まあ、ジョブかな」❖心配する時に使う言葉。（熊本県・中1・女）

しょぼい ❶見栄えが悪く、冴えない様子。「しょぼい車」❷物事に対して、その内容が物足りないさま。「今日の授業はしょぼかった」類ださい（岐阜県・48歳・男）

じんこうてんねん【人工天然】 本当は普通の性格なのに、男にもてるため、わざと不思議キャラになりきる女の子のこと。（栃木県・中3・女）

じんこうぼけ・てんねんぼけ【人工ボケ・天然ボケ】【人工ボケ】天然ボケのようにふるまいわざとボケて可愛らしさをアピールする人。「あの人、絶対人工ボケよ」【天然ボケ】本人は真剣でも、周りの人から見たらボケているように見える人。「あの人天然ボケで面白いよね」類うっかり（福岡県・高3・女）

す【素】「本当に」や「本当？」という意味。「素で？」「素で笑えた」（静岡県・中3・男／広島県・高2・男）

きたはら「素顔」「素手」「素うどん」などのように、本来は、何も付け加わらない、そのものだけであることという意味です。嘘や作り話を交えないという気持ちで使うのでしょう。

スエットぞく【スエット族】 スエットを好んで着ている少年少女の集団。得てして某衣料量販店のものを着ている。メンズの大きなサイズを着ることが多く、黒色を好む。❖田舎に多い。（大阪府・高1・女）

スタバる カフェ「スターバックスコーヒー」にたむろすること。「私たち、九時までスタバってるから」

✎思慮分別がない。間抜け。（秋田県の地域密着型ヒーロー『超神ネイガー』のセリフ）「ホジナシども、おらが相手だ」

（大阪府・中3・女）

すばな【素話】 嘘でなく本当の話。「昨日、中島美嘉を原宿で見たよ」「嘘だろ」「いやいや、素話だから」（埼玉県・高2・女）

すべる【滑る】 ❶なめらかに移動する。「スケートでリンクを滑る」❷受験などで不合格になる。❸漫才・ギャグなどがまったくうけないこと。（群馬県・中2・女）

すまから【スマカラ】 SMAPの曲だけを歌いにカラオケに行くこと。（神奈川県・高2・女）

スリーエム【3M】 M（＝マジで）M（＝もう）M（＝ムリ）。本当に疲れている時、気持ちを相手に伝える時に使う。「まだがんばれよ」「あー3M」（山梨県・高2・男）

せきジャニ【関ジャニ】 「関西ジャニーズ」というアイドルグループの略称で、読みは「かんジャニ」が正しい。❖知ったかぶった、おじさん、おばさんが使っている。（滋賀県・中3・女）

セブる セブンイレブンに行く。「昼飯セブろう」（福島県・高3・男）

ぜんクリ【全クリ】 ❶全部制覇（クリア）すること。「ゲーム全クリした？」❷汗で服が全面クリアになって透けている状態。「全クリしてんじゃん!!」（北海道・高2・男）

ソック 「ショック」の最上級。あまりにも衝撃が大き過ぎて、ショックという言葉で言い表せない時に使う。「ちょっと…それソックやわぁー」❖少女マンガ「ラブ★コン」より。（香川県・高1・女／熊本県・高2・女）

方言メモ 秋田県からの投稿

【ホジナシ】

ダウナー 暗く沈んだ気持ちや雰囲気。「今日は曇りがちな天気だったので、気分は一日中ダウナーでした」「ダウナーな感じの音楽が聴きたい」(徳島県・33歳・男)

だきょる 「妥協する」の省略。「妥協したぁ」と言うより「だきょってしまった」と言うほうが深刻に聞こえない。「今日はだきょったけど、明日からはだきょらない」❖ただし使い過ぎると妥協することに何も感じなくなるので注意。一生懸命頑張って、適度にだきょろう。(大阪府・高1・女)

たくのみ【宅飲み】 ❶自宅で飲むこと。「昨日一人で宅飲みしてたよ」❷飲み会に流れる雰囲気の時などに出費を抑え、なおかつまったりしたい時の提案。「どこか行く?」「誰かん家《ち》で宅飲みしようよ」(北海道・29歳・女)

タクる ❶タクシーに乗ること。「今日、タクる?」「タクりましょう!」(大阪府・高1・男)❷ギャル語。ワリカンでタクシーに乗ること。「一緒にタクろう」(群馬県・中2・男)

だくる【ダクる】 とても汗をかいている様子。「十キロも走ればダクるだろ!」(神奈川県・高2・男)

たこる【タコる】 ❶タコ焼きを食べること。「今日タコる」(大阪府・高1・男)❷寄り道をすること。最初は「帰り道にタコ焼きを食べる」の意味だったが、しだいに「寄り道をする」ことに変わった。「今日帰りに、みんなでタコろうよ」(大阪府・高2・男)❸面倒くさがってその仕事を放棄すること。ずる休みすること。「あいつ部活タコった」(静岡県・中3・女)

たてなめよこさら【縦なめ横サラ】 縦になめらか横にさらさら。「今日の髪の毛縦なめ横サラじゃね?」(福島県・中2・女) 補注 二〇〇三年春にオンエ

✎生意気。「あいつあがすけだずね」

【オサレ】

おっ オサレしちゃってー
このっ このっ
エヘヘヘヘ!
キャッ
そーいうよっちゃんこそ その髪型 オッサレー
やっぱ そおー?
キャッ キャッ
でもアンタは オサルだから
ウキャー!ッ
うん! オサルオサル
!?

【タクる】

うわっ 終電すぎ ちゃったよー
やべー
タクろっか?
んじゃ私は テクシーで!!
テクシー?
何それ
あれ? 今どきの子は 「テクシー」知らない?
テクテク歩くの!!
だからテクシー
昔はさー 花金で 飲ミュニケーションで フィーバーしたあと バイビーしたら テクシー帰宅で 茄子がママ 胡瓜がパパ…
じゃ
「空気読めない 人は放置」 ってことで
ベリースペシャル ワンパターン?
あれ? どこいくの?

方言メモ 山形県からの投稿

【あがすけ】

アされたシャンプーのCMのキャッチフレーズに由来。

ダビる 「ダビングする」の略。「今日CDダビる」(東京都・中3・女)

だぼい【ダボい】 ダボダボとしていてゆるい感じ。「あの子のジーパン、ダボくない?」(神奈川県・高3・女)

たむる【タムる】 集団でその場に集まっていること。「あんなところでタムってる人がいる!!」(佐賀県・中2・女) 補注 「たむろする」から。

だるい【ダルい】 ❶しんどい。つかれる。「今日の授業はダルかった」「風邪をひいて体がダルい」❖英語の dull(=しんどい)に由来している。(兵庫県・高2・女) ❷きらいな人に対して直接ではなく、遠回しに嫌悪感を伝える表現。「あいつダルいわー」(京都府・中3・女) 補注 和語に「だるい」があり、語の由来についてはⅠの解釈はあまり一般的ではないと思われる。

だんがんで【弾丸で】 急いで。「弾丸で行くわ!」「弾丸で来て!」(兵庫県・中2・女)

だんな【旦那】 彼氏のこと。「私、旦那いるからごめん」(東京都・高1・女) 補注 彼女のことは「嫁」。

チープリ チープ(安い)とプリティー(かわいい)を組み合わせた言葉。安くて、かわいい。「この服チープリじゃん!」❖中高生が使う。(東京都・中3・女/奈良県・高1・女ほか)

チキる ❶緊張して消極的になること。「ミスが怖くてチキってしまった」(大阪府・高2・男) ❷正念場で慌てふためくこと。「あいつは、いつも大事な所でチキる」「チキったせいで失敗した」(和歌山県・高2・男) 補注 チキン(=小心者)から。

✎ 気分が悪くなる。「昨日、ガオちゃって早退したよぉ」

ちゃけば

「ぶっちゃけばなし」の略。「てか、ちゃけばあれおいしいよねー」❖相手の考えや本当の思いを聞き出す時、または、自分から素直に話す時に使う。（千葉県・高2・女／愛知県・高3・女）

きたはら 「はなし（話）」を、「すばな（素話）」（前掲）のように「はな」と省略した語もありますが、ここはさらに省略して「ば」。「ぶっちゃけ」を「ちゃけ」と省略するのもすごいですが、「てか、ちゃけば～」となると、もはや日本語ではないですね。

ちゃらい【チャラい】 チャラチャラしている。硬派ではないさま。「見た目がチャラいよ」（静岡県・高3・女）

ちゃらお【チャラ男】 ❶渋谷など人の多い所で、女性に声をかける人。「この前、渋谷でチャラ男にナンパされたんだけど」❷女の子好きで、だらしない男性。「あの人って本当、チャラ男だよね」（東京都・高1・女）

ちゃらじ【チャラ字】 雑な字。汚い字。速く書いた字。「急いで書いたのでチャラ字になった」（大阪府・高1・女）

ちょうしのりこ・でしゃばりこ【調子のり子・でしゃバリ子】 【調子のり子】調子にのりすぎている人のこと。悪口っぽい感じでいう。「あの人調子のりすぎじゃん!!　調子のり子だー!!」【でしゃバリ子】でしゃばっている人のこと。授業中にでしゃばって発言したりしている人をひやかすときに使う。「おまえでしゃバリ子じゃん!?」（千葉県・中2・女）

ちょーぐんじょー【チョーグンジョー】 ブルーよりも激しく落ち込んだ状態。「あたし、今チョーグンジョーだから」（北海道・14歳・女）補注 超群青。青（ブルー）よりも深い。

方言メモ　山形県からの投稿
【ガオる】

ちょくる　おちょくること。「ちょー、あいつちょくろや」（大阪府・高1・男）

ちょげ【ちょ気】　調子に乗っている様子。「調子気《ちょうしげ》」の略。「あいつ、あんなに張り切って、ちょ気だろ」（広島県・高1・男）

チョコング【チョコング】　「超コンディションGOOD」の略。とても調子がいい。「今日はチョコングだから何をやってもうまくいく」（北海道・中2・女／大阪府・高1・女ほか）

ちょざい　「チョーうざい」の略。「ちょぜぇ」とも。「あいつの授業マジちょざいんだけど」（東京都・18歳・女）

ちょづく　調子に乗っていること。度が過ぎていること。「あいつちょづいてない?」「ちょづいてんじゃないよ」（神奈川県・高3・女）

ちょっぱる　悪びれる様子もなく、軽い気持ちで物を盗むこと。「傘をちょっぱってきちゃった」（東京都・33歳・男）

ちょボラ　「ちょっとしたボランティア」の略。（栃木県・中3・女）

ちょリッチ　ちょっとぜいたくなこと。「ちょリッチな車」「ちょリッチなレストラン」（埼玉県・中2・女）

ちょりる【チョリる】　身体の一部を床などで摩擦熱で損傷すること。「チョリ」と略されることもある。「やばいやばい。チョリった!!」（東京都・高3・男）

づく　勢いづいている。調子に乗っている。「最近、A子ちゃんづいてるよね」❖否定的に使う言葉。主に相手の行動が気に入らなかった時に使われる。（群馬県・中3・女）

気にしない。「そんなこと、さすけねぇー」

つぼ【ツボ】 ❶身体の各部をつかさどる場所。臓器などに刺激を与えるものもある。「体のツボ」「足ツボマッサージ」（広島県・高3・女）❷個人特有の好みや気に入りのポイント。昔は「ツボにはまる」と表現していたのが、最近は略して「ツボ」「ツボった」と言う。上手く抜けだせないことがしばしばある部分。「あの女の子、すごいツボなんだけど」（北海道・29歳・女）

きたはら 「つぼ（壺）」の意味は多彩で、要点（話の壺）、見込んだところ、ずぼし（思う壺）という意味でも使われます。この意味から新しい使い方が出てきたのでしょう。「抜け出せないことがしばしばある部分」は上手な説明ですが、例文からすると「部分」というよりも状態ですね。その状態は「ツボっている」「ツボった」と言うことができます。そうなると、「違っている」が「違かった・違くて」となるように、「ツボい」という形容詞ができるのもすぐかもしれません。

つぼる【ツボる】 「ツボにはまる」の略。ツボにはまって笑いが止まらなくなるなど、面白いことがあった時に使われる言葉。「それ、ツボる」「ツボった」（静岡県・高1・女／東京都・中3・女ほか）

つゆだく 部活中や夏の暑い日に、汗が滝のように大量にあふれ出る状態。汗がつゆのようにだらだら流れて止まらない様子。「山田先輩、今日も汗つゆだくですよっ!!」（静岡県・高1・女）補注 牛丼屋での注文の際に「つゆ多め」を意味する「つゆだく」から。

つよめ【強め】 力が強いとか、けんかが強いとかではなく、見た目のインパクトがその業界内でトップレベルであるさま。「あの人ってまじ強めじゃね!?」（山形県・高2・女）

ディスコ Gパンに Gジャンの人。ディスコ時代の格好だから。「うわ。あの人ディスコやで。ださくない!?」❖バカにする言葉として一部で流行中。（大

方言メモ 山形県からの投稿

【さすけねぇ】

阪府・中3・女) 補注 ディスコ＝古くさいというイメージから、最近あまり見かけなくなったGパンにGジャンというコーディネートを揶揄《やゆ》した表現と思われる。GパンにGジャンがディスコファッションの典型だったわけではない。

てか ❶～というよりは。「あの子かわいいよね。てかきれいだよね」❷話は変わるが。「今日部活だったんだ」「そうなんだ。てか今日私バイトだ」(千葉県・高2・女)

てき【的】 特に意味は無いが語尾につける若者語。「コーラ的なモノありますか?」「私的にはOKですが、何か?」(秋田県・中1・女)

テクる すばらしいテクニックを披露する。テクニシャンなことをする。「お前、テクってるやん!」「今のフェイントはかなりテクってた」(大阪府・高1・男/大阪府・中1・男ほか)

きたはら 明治の時代から、てくてく歩くという意味の「てくる」があるのですが、今はあまり使われていないようですね。「テク」という名詞も使われているんですよ。全く語源は別ですが、「ハイテク」「財テク」という「テク」もあります。

デコる ❶「デコレーションする(＝飾る)」から、携帯電話やノートなどの持ちものに絵を描いたりシールや専用のアクセサリーでかわいく、格好よくすること。「新しく買った携帯デコってみたんだ」(山梨県・高1・女)❷元にあったものを自分なりに飾りつけること。盛ること。①のように飾りつけることが目的ではなく、人とは違う個性をアピールするのが目的。「うわー。A子のプリ帳めっちゃ上手くデコってあるなぁー」❖場合によっては現物がわからなくなることがある。(京都府・中2・女) 補注 まれに「凸《でこ》る」という表記も。

デニる デニーズへ行く。「今からデニる?」❖主に、

浮かれている。「お前ちょっとぎすってるんじゃないか」

自分から人を誘う時に使う。（東京都・中3・女／兵庫県・中3・男）

デリバる　出前をとる。「デリバリーサービス」をもじった言葉。「今日は、ラーメンでもデリバるか！」（東京都・49歳・男）

テンパる　❶（麻雀の聴牌《テンパイ》「あと一手であがれる状態」から）用意が整う。❷怒りや緊張が頂点に達して感情のコントロールができなくなる。パニックに陥る。「数学のテストでテンパッた」（大阪府・高3・男）❸舞い上がってしまい、頭の中が真っ白になる。また、混乱し、訳のわからないことをしたり、口走ったりすること。単に、緊張して普段の実力が出せなかった時にも用いる。❖語源は、言うことをきかない天然パーマのように破茶滅茶になるからとする説や、テンペスト（嵐）から来ているとする説など諸説ある。（三重県・高2・女）❹混乱してどうしていいかわからない状態。temper（機嫌・イライラ）と日本語が混ざってできた。「temperする」が「temperる」→「テンパる」となった。（福岡県・高3・男）❺重要な局面において、張りつめた緊張（tension）状態にある場合に用いる。「彼は今、テンパっているから話しかけない方が賢明だ」❖「テンション」と「張る」の合成語。（新潟県・48歳・男）補注 語源については①の解釈が一般的。

きたはら　明確な語源があるのに、それがわからないから、このように意味が分化するのでしょう。いろいろ語源説が並べられていますが、「テン」は「天」、「パル」は「突っ張る」「引っ張る」などの「ぱる」が連想されているような気もします。

どエヌ【ドN】　ド・ノーマルな人。個性がなく面白味がない人のこと。「お前はホントにドNだなぁ〜」（山梨県・高2・男）

とうさんにもなぐられたことないのに【父さんにも殴られたことないのに】　機動戦

方言メモ　福島県からの投稿
【ぎする】

士ガンダムの主人公が殴られた時に言った言葉。❖初めて殴られた時に使う。（静岡県・中2・男）

どたキャン【ドタキャン】「どたんばキャンセル」の略。間近に迫った予定を自分の都合、または何らかの出来事によって取り消しにすること。「明日の予定をドタキャンした」「頼まれた仕事をドタキャンする」（青森県・中1・女）

とべっ【飛べっ】 会話をしている途中、相手にいなくなってほしくなったときに使う言葉。「お前、うるさいから飛べっ!!」（埼玉県・中2・男）

きたはら これはとてもおもしろい言葉ですね。何かのマンガに出ているのでしょうか。以前だったら「消えろ」とか「うせろ」と言うところですね。

とりま「とりあえずまあ」の略。「とりま、今から何する?」「とりま、がんばれ」（宮城県・中3・女）

どんだけ ❶どのくらい。「どんだけ頑張ったと思っとん」❷ものすごいことやびっくりすることを言われたときに驚いて使う言葉。「どれだけすごいことをしたんですか」の意。「どんだけなんっ!?」（愛媛県・中3・女）

とんでもにゃーす とんでもないことこの上ない様子。「今日Aくんが防災訓練さぼったらしいよ」「あいつとんでもにゃーすだな!!」（神奈川県・高3・女）

どんびき【ドン引き】

ある発言によって、その場に居る人が幻滅したり、その場の雰囲気が白けたりすること。また、その後の気まずい状態のことを指す。「引く」よりさらにひどい状態がドン引き。「彼のギャグに、私たち全員がドン引きしてしまった」（山形県・22歳・女）

吐く。もどす。「あましっちまうから、あんま飲みすぎんじゃねーぞ」

ない あり得ないこと。「この宿題マジないよね!!」「ないない!!　ってか、まず量がなくない!?」❖このように「ない」の数が増えることで強調され、ありえない度が高くなる。(山形県・高2・女)

ナウい もとは、「現代の波に乗れている」という意味だったのだが、今では、「それは一昔前では…?」という意味に。仲の良い人などに突っこむ軽いひやかしの意味も含んでいる。「ねぇねぇ、この髪型どぉ?」「ぷぷ、何それ、超ナウいじゃーん」(千葉県・高2・女)

なくない 否定したことについて、仲間に同意を求める時に使う言葉。「可愛くなくない?」❖こう尋ねられた時、否定したことをさらに否定する場合は、「なくなくない」のように言う。(東京都・高3・女)

きたはら 「可愛くなくない?」は、本来は、自分は「可愛くない」と思うが、どうかと聞くときに使う言葉です。自分は「可愛い」と思うが、どうかと聞くのであれば、「可愛くなくなくない?」が正しい言い方です。「可愛くなくなくない?」と言われても、最初の「可愛く」と最後の「ない?」だけに意味があり、中間の「なくなくなく」は遊びなのです。

なぞい 基本的に理解に苦しむこと。また、その人。「あの子は誰も話しかけていないのに突然笑いだすよね」「ちょっとなぞいよねー」(東京都・高1・女)

ナチュラルしかと【ナチュラルシカト】 ごく自然に、何事もなかったかのごとくシカトすること。もはや自分が話しかけたのかどうかさえ、わからなくする、すんげぇシカト。(東京都・高2・男)

なつい 「懐かしい」の略。「卒業写真を見てなつぃと思う」(東京都・中3・女／大阪府・高1・女)

ナルシ【なるし】 自分大好きの人。ナルシスト。

方言メモ　茨城県からの投稿
【あます】

「あいつマジなるしじゃん」(広島県・高3・男)

ニートのたまご【ニートの卵】 ❶勉強もせず、部活もしないで、帰宅したらすぐ寝る人。❷親のすねかじり。「あの人ニートの卵っぽいよー」❖ニートの卵の見わけ方として下記がある。(1)やる気がなくいつも眠そうな人。(2)メールもゲームもエロ系も興味がない人。(沖縄県・高1・女)

にくにくしい【肉々しい】 ふくよか、太い、顔が丸い様子。「あの子の顔って肉々しいね」(埼玉県・高3・女)

きたはら 「痩せている女はかわ(皮)いい」「太っている女はにく(肉)い」という言葉遊びがあります。ふっくらと肉がついている可愛い感じがしますね。

にわかため【にわかタメ】 目上の人との会話中、ふとタメ口になってしまうこと。(北海道・高3・男)

ネガティブルー ネガティブかつブルーな気分の意。落ち込んでいて、行動、言動が消極的なさま、状態。「友達と喧嘩して、ネガティブルーだ」「彼は今、ネガティブルーだ」(東京都・中2・女)

ねぐる【寝ぐる】 寝ぐせがついてること。「今日、すごく寝ぐってるなぁ〜」(大阪府・高2・男)

ねぼる 寝坊をしてしまい遅刻するのが怖くて学校や会社を休んでしまうこと。「寝坊してしまったので今日会社をねぼることにした」❖「寝坊」と「さぼる」を短く組み合わせた言葉。(大阪府・39歳・男)

ねもじい 眠い上にひもじいという非常に不健康な状態のこと。徹夜で作業をした後などにこの状態に陥りやすい。「あー、ねもじくって、もうダメだ」(東京都・26歳・男)

ノーダメ ダメージを受けないこと。「ノーダメでゲ

✎醜い。不細工。「おめえの顔はいつ見てもいしけーなー」

ームをクリアした」(大阪府・中2・男)

ノーブラ「ノーブランド」の略。ブランドではない物を指す。「この服ノーブラだよ」(愛知県・高2・女)

のちかれ【のちカレ】 のちに彼氏になる(予定の)人のこと。「松井君は私ののちカレです」(愛知県・高2・女)

のみほ・くいほ【飲みホ・食いホ】「飲み放題」「食い放題」を省略して三文字で表した言い方。「どういう飲み屋にしよっか?」「安いし飲みホでいいんじゃやね?」(宮城県・22歳・男／東京都・18歳・女)

のりお【ノリ男】 テンションが高くてノリがいい男の人。「お前ノリ男だね」(栃木県・中2・男)

のりすけ【ノリスケ】 調子に乗って、いい気になっている人のこと。某人気テレビアニメの登場人物から。「あいつは最近ノリスケだ」(富山県・中2・男)
補注『サザエさん』の登場人物、波野ノリスケより。

ぱ【パ】

「中途半端」の略。これは人に対しての批判として使われることが多い。「おまえパじゃん」❖ギャルや、ギャル男になりきれない子に最もよく使われる。「パギャル(＝ハンパギャル)」「パギャル男(＝ハンパなギャル男)」❖ともにギャル風なのに色が白くて中途半端の意。(神奈川県・高3・女)

きたはら すごい省略ですね。「中途半端」あるいは「半端」を発音してみると、確かに「パ」が耳に残りますが、理屈では説明できませんね。

ぱーぺき【パーペキ】 ❶完璧であること。ぬかりのないこと。❷事が予定、または予測通りに進行すること。類パーでき(岐阜県・高3・男／和歌山県・高1・男) 補注「パーフェクト＋完璧」からか。

方言メモ 茨城県からの投稿
【いしけー】

若者のことば――多分、来年は通じません

ばかっこいい【バカっこいい】 ❶バカみたいに格好良いこと。❷バカだけど格好良いこと。(東京都・中2・女)

ばくし【爆死】 失態をおかし、恥ずかしくてその場から消えてしまいたい気持ち。また、そのことで顔が一気に真っ赤になるさま。「自信満々に大声で言った答えが間違いで爆死ものだったよ」(北海道・高3・女)

ぱくる【パクる】 ❶店の商品などを盗むこと。❷警察が犯人を逮捕すること。「自転車を盗んでパクられた」❸他人の著作物やアイデアを盗用すること。「この曲、ビートルズのパクリだ」❖「インスパイアー」「リスペクト」も同義で使われがち。(千葉県・40歳・男)

ハゲる 「ハーゲンダッツに行く」の略。「急にアイスが食べたくなったので、今からハゲることにした」(秋田県・14歳・女)

はじける ❶地味な人や暗い人、おとなしかった人が、何かを契機に明るく、派手に変身すること。何かが弾けたように、急に殻を破って変わる様子から。「あの子大学入ってから、随分はじけたよね」(福岡県・26歳・女)❷若さに満ち溢《ふぁ》れた勢いによって興奮状態となること。若者が自分たちのテンションを盛り上げる時によく使う。「来週の体育祭にはみんなではじけようぜ!」❖乾燥したとうもろこしが熱によって膨張し、小爆発を起こしてポップコーンになる様子に類似していることから。(東京都・23歳・女)

きたはら 語釈が秀逸です。「はじける」の新しい意味を、原義を踏まえてうまく説明していますね。

はずい【恥ずい】 恥ずかしい。「恥ずいって」「恥ずすぎる」「恥ずいなぁ」(愛知県・中2・男/広島県・高

✎ うそ。冗談。「ごじゃっぺ言ってんじゃねーよ」

2・男ほか）

パソる　パソコンを使用すること。「今日は家に帰ったらパソろう」（東京都・中2・男）

ぱちる【パチる】　❶人のものや事柄を盗むこと。「こらぁ!!　人のものパチるな!!」類パクる（三重県・中1・男）❷嘘をつくこと。「嘘っぱち」から「ぱち」をとった言葉。「お前このごろパチりすぎだから」「ごめん、この間パチ言っちゃったよ」（東京都・中2・男）補注 大阪の伝法言葉（勇ましくいなせな言葉）「ぱちもん」に由来するという説が有力。

はつかれ・はつかの【初彼】　初めてできた彼氏、彼女のこと。「私、昨日初彼できたんだ」（静岡県・高2・女）

ばっキー【バッキー】　束縛がひどい人のこと。「彼氏すごいバッキーで困ってるんだ」「なんか最近バッキーじゃね?」❖「東バッキー」とも。（山形県・高2・女）

バックれる　今いる場所に飽きたり、あまり興味がない場合などに帰ってしまうこと。その場から去ること。略して「バックる」ともいう。「今日はもう遅いし、あまり面白くないから、早いうちにバックれるわ」❖「戻る」や「帰る」を意味する英語の「バック」に、動作の「する」をつなげて略した言葉。（岐阜県・高1・男）補注「飲み会をバックれる」「授業をバックれる」のように、「行く予定の場所に行かない」意味もある。語源は「しらばっくれる」の省略という説が一般的。

はっちゃける　❶ある人の中で何かがプッツリと切れている様子。「はじける」よりも上の段階。この状態の人に怖いものはない。「明日は休みだからはっちゃけようぜ」「お前、もっとはっちゃけろよ」（熊本県・高3・女）❷テンションが高くなっていること。テンションが高くなり、意味不明な行動や発言を行

方言メモ　栃木県からの投稿

【ごじゃっぺ】

っている人に対して使う。「オンドゥルルラギッタンディスカー!?」「あいつ、はっちゃけてるなぁ…」(東京都・高1・男)補注「オンドゥルルラギッタンディスカー」は「仮面ライダー剣《ブレイド》」の主人公のセリフの聞きとりにくさに由来する「オンドゥル語」のひとつ。「本当に裏切ったんですかー」。

はつプリ【初プリ】「初めて撮ったプリクラ」の略。プリクラを一緒に撮るのが初めての相手に使う。「初プリ撮ろう」(埼玉県・中2・女)

ばびる・ばびろにあ【バビる・バビロニア】非常にびっくりする。おどろくこと。「バビる」は動詞、「バビロニア」は名詞。「ほんまにバビるわぁ」「バビロニアやぁ」(大阪府・高2・女/静岡県・高2・男ほか)

はぶる【ハブる】❶仲間に入れないこと。「今まで仲の良かった人にハブられてしまった」❖「村八分」からきた言葉。(群馬県・中3・女)❷仲間はずれにする。「ハブるのは立派ないじめの始まりだ」❖「省く」から。(熊本県・高1・女)❸正しくいうと「ハブにする」の略。ハブはクサリヘビ科の毒ヘビであることから、対象をハブのように扱う、すなわち極力関わらないようにすること。「誰彼なしにとりあえずハブる」(大阪府・高2・男)

はまる ❶形、物などがピッタリ合うこと。❷物事に熱中、執着すること。「ツボにはまる」「パチンコにはまる女たち」(神奈川県・高1・男)

はみる【ハミる】 はみ出し者にすること。通常、複数の人が悪意を持って、一人の人を仲間はずれにすることをいう。「かわいそうだから、むやみに人をハミるのはやめよう」(岡山県・中1・男)

ばめんで【場面で】 そのとき・その場合。若者

かき混ぜる。「やげっぱだすっから風呂かんましな」(やけどするから風呂かきまぜなさい)

が物事を決める時などによく使う。「場面でよくね？（＝その場で決めればよくない？）」「場面でもらった物」❖同じ高さで発音する。（広島県・高1・女／東京都・中3・女ほか）

きたはら　「場面」も変な言い方で、「場」の方が普通の言い方ですが、「その場面で」と「その」を冠すれば、かなり自然な言い方になります。どうして、こんな言い方が出てきたのかわかりませんが、「その」が省略されることは、「（その）為に」「（その）筈が」「（その）時に」など他にもあるのです。

ぱらる【パラる】　パラパラを踊る。曲（ユーロビート）に合わせて決まった振り付けで踊る。「私は友達と毎日パラる」（愛知県・高3・女）

ばり【バリ】　すごく。とても。「全速力で走ったのでバリしんどい」（大阪府・高3・男）

ばりスタ【バリスタ】　バリバリスタンバイOKな状態。「カラオケに行こう!!」「バリスタ!!」（福島県・高3・女）

パロってる　❶パロディしている。❷真似している。「あいつの服、お前の格好パロってるよなぁ」（徳島県・高3・男）

パンダめ【パンダ目】　まつげに塗ったマスカラが目の下の皮膚について黒くなった状態。「マスカラをつけて長時間たつと、パンダ目になることがある」（東京都・高1・女）

はんてつ【半徹】　一晩ほとんど寝ないで過ごすこと。「テストの前なので、半徹で勉強する」（奈良県・高2・男）

はんぱない【半端ない】　❶物事の程度が中途半端ではなく、並はずれているさま。ものすごい。「奈

方言メモ　栃木県からの投稿

【かんます】

良の大仏のデカさはマジ半端ない」❷物事の基準を上回っていること。相当。「五時間目に体育って半端なくだるい」❖「半端じゃない」の略。「パない」ともいう。(東京都・35歳・女)

きたはら「半端ない」だけを見ていると、「半端」と「ない」は「半端がない」という関係であるとしか考えられませんが、これは無理です。作品に言うように、「半端じゃない」の縮約したものでしょう。それにしても「半端ない」は「半端がない」のように受け取られて落ち着かない半端な言い方ですね。

ぱんピー【パンピー】「一般ピープル(people)」の略。「A君も誘わない?」「でもあいつパンピーじゃん」❖「普通の奴」「一般人」の別の呼び方。(東京都・高3・男)

び【微】「微妙」の略。「この子、まぢ微ぢゃねぇ」(愛知県・高1・女)

BM ギャル語で「バカまる出し」という意味。バカを見せつけている人のこと。「あの人ちょーBM」(滋賀県・中2・女/秋田県・中2・女ほか)

ピーけい【P系】❶「ポッチャリ系」の略。❷「Pig(仔豚)系」の略。「お前さぁ、P系入ったほうがいいよ(=太ったほうがいいよ)」(岐阜県・高3・女)

ビーせん【B専】❶ブサイク専門。ブサイクな人をカッコイイと言ったり、好きになること。「あの人がカッコイイなんてB専だよ」(東京都・高1・女)❷自分がかわいいと思っている人が他人から見たらそうは思われないこと。「お前の彼女はB専やなぁ~」(愛知県・高3・男)

PT「プリクラ撮ろー」の略。「今日PTしちゃう?」❖他にもIT(=アイス食べよう)やCSUU(=超スーパーウルトラうざい)などの類例がある。「さっきの子、CSUUじゃない?」❖主に親友同士で、他

✎早く。急いで。「はんで、えべ」(早く行こう)

の人にはわからないように使う。(京都府・中3・女)

ひおとめ【非乙女】 恋をしていない人のこと。最近、ときめいていない人。類化石(千葉県・中2・女)

ひく【引く】 会話や行動などを見て、気持ちが冷めてしまった様子。「あの人の歌の下手さには、さすがに引く」❖強めたい時は「ドン引き」とも。(東京都・高3・女)

ひさプリ【久プリ】 久しぶりに撮ったプリクラ。(埼玉県・中2・女)

ビニコン コンビニエンスストア。「今日の帰り、ビニコン行こうよ!」(宮城県・中3・男)

ビニる コンビニエンスストアに行く。「おなかすいたねー。ビニる?」(大阪府・中1・男/京都府・中3・男ほか)

ビバする はじける(全力を出す)こと。自分が壊れるくらいに何かをする。「おれ練習でビバしちゃったよ」(静岡県・高2・男)

びみ【微味】 何ともいえず中途半端な味。またその料理。「なんて微味な料理なんだろう」(滋賀県・中3・男)

びみょい【ビミョい】 微妙な様子。どちらかというと否定的。中途半端。「今日の君の髪型はビミョいな」(広島県・高2・男/京都府・中3・女ほか)

きたはら 「コクい(酷)」や「ザツい(雑)」などと同様、漢語を形容詞にしたものです。「微妙だ」「酷だ」のように形容動詞になるのが普通です。漢語を簡単に形容詞化するのは若者言葉の一つの特徴ですが、ちなみに平安時代は形容詞の生産力が強く、「執念《しゅうね》し」「労々じ」「骨々《こちごち》し」など多くの漢語形容詞が作られています。

方言メモ 山梨県からの投稿

【はんで】

びみょう【微妙】 ❶良し悪しの判断をつけづらい状態のこと。「あの本の内容は微妙だな」❷どちらかといえば悪いと思うことを遠回しにいう言葉。「あいつの服のセンスはいつも微妙だ」（大阪府・高3・男）❸少しだけ。ほんのちょっと。「線が微妙にズレている」「微妙においしい」❖色々な場面で使えるが、あまりはっきりしない言葉なので、たくさん使うと微妙だ。（北海道・中3・男／東京都・中3・女）

ひめけい【姫系】 女の子らしい。お姫様っぽい。フリルやリボンなどのモチーフを多用している。ピンクでヒラヒラ、キラキラしてるもの。「あの人は姫系だ」（静岡県・中1・女／愛知県・高1・女）

ひゃっきん【百均】 百円のものしか売っていない店のこと。「百円均一」の略。「ねえねえ、これ百均で買ったんだ！」（大阪府・中1・女）

びよる 何かをするのに最高の天気になること。「今日、遠足でよかったー」「びよってるもんな」❖「〜日和《びより》」が動詞化したもの。（奈良県・中3・女）

きたはら 「〜びより」を動詞の連用形に見立てて、「びよる」という動詞を作ったわけですが、こういうやり方は古くからありました。「そうぞく（装束）」「りょうる（料理）」「さいしく（彩色）」などは有名です。「たそがれる」もそうですね。

ぴよる【ピヨる】 ほとんど駄目になって何もできないような状態。「ジョンは不幸なことがたくさんあってピヨっている」❖格闘ゲームで端に追いつめられて一方的に殴られると頭上にひよこがピヨピヨいいながら現れて、しばらく行動不能になることに由来。（滋賀県・中3・男／北海道・高専2・男）

ぴろる【ピロる】 ❶携帯電話を使うこと。「あいつさっきからピロりすぎ」（徳島県・高3・男）❷失敗する。「そろそろピロるかも」（静岡県・中3・男）

するな。「つまんねーこといっちょし」（つまらないこと言うなよ）

【初プリ】【久プリ】

カレシと初プリ♡♡
イエーーイ
LOVE♡LOVE
カレシと久プリ♡
2人はずーっといっしょ
愛してるぜ♡
カレシと素《スッピン》プリ!!
つきあって1周年☆
心許して♡
一人でピンプリ…
ふりだしに戻る…
生きろ…

【プヨる】

プヨる
ハハハ…
ぷよぷよ
アハハハ
ブヨる
ハハ…
…ビミョーにヤバくね?
タヨる
やせるサプリ飲んでるんだ♡
…
ヒヨる…
ぽっちゃりしてるほうがいい人に見られるからさアハハ
いーんだよコレでっ

方言メモ 山梨県からの投稿

【ちょ】

ピンプリ 一人(＝ピン)で写ったプリクラのこと。(山口県・高3・女)

ふいてる【噴いてる】 調子がものすごく良い状態。「今日のテスト噴いてる」「私この頃、噴いてる」(大阪府・高1・女)

フィニる ❶物事を終わらせること。「宿題をフィニる」❷使いきること。処理しきること。「牛乳をフィニろうとする」❖「フィニッシュする」の略で、若者(二十代後半まで)がよく使う。(熊本県・高1・女／三重県・高3・男ほか)

ぷーたろう【プー太郎】 仕事が無い状態。働いていない人。「プー太郎は今年で三年目、仕事につかないと、まあ、まずいっちゃーまずい」類ニート(埼玉県・中3・男)

ぷくる 一服する。「そろそろぷくりますか？」(山梨県・高3・男)

ふしぎちゃん【不思議ちゃん】 ❶天然キャラ、痛いキャラを作っている人。「あのタレントは不思議ちゃんだ」❷こりん星について語る人。(広島県・中3・男)補注こりん星とは、タレントの小倉優子が自らの出身地だと主張している惑星のこと。

ぶちゃかわいい【ブチャかわいい】 ぶさいくだけど、かわいい。例えば、動物園に行って、ブタを見た時などに使ったりする。❖今どきの若いギャルがよく使う言葉。(東京都・中2・女)

ふつうに【普通に】 ❶とてでもなく、少しでもなく、その中間の程度。「普通にうれしい」「普通におもしろい」(滋賀県・中2・女)❷良いとまでは言えないが、そこまで悪くないこと。どちらかというと良い方。世間一般では標準程度。「テストは普通にできたよ」(神奈川県・高2・女)❸社会的常識や話者の

食べ終わった後のリンゴの芯。「がまんどまで食べちまうなんて、そんなに腹がへってたんか？」

立場で当たり前だと考えられること。「バスで席を譲ることって普通だよね」（岐阜県・高1・男）❹いつも問題を起こす身内や後輩を大事な席にやむをえず連れて行く時に使う言葉。「頼むから今日は普通にしていいてくれ」（三重県・高3・男）

ぶっち 無視する。知らないフリをする。「こいつのメールぶっちしよ～」「今日のデートぶっちされた」（広島県・高1・男）

ぶっちゃけ

本音で言うこと。あるいは難しいことは省いて、簡単にわかりやすくという意味も含まれる。「これ、どうしてこんなに安いんですか？」「ぶっちゃけ、昨シーズンの売れ残りだからです」（長崎県・46歳・男）

ぷよる【プヨる】 太る。「食べすぎてプヨった」（大阪府・中3・男）

フラポ 「フライドポテト」の略。「マックでフラポ食おうぜ」（東京都・高3・男）

プラボ 「プライベート・ボックス」の略でトイレのこと。「私ちょっとプラボ行ってくるね」（静岡県・高3・女）

プリ 「プリント倶楽部」のこと。「プリ撮ろう」（岐阜県・高1・女）補注 ちなみに「プリント倶楽部」および「プリクラ」という名称は商標登録されているが、類似の商品もひとまとめにして「プリクラ」と呼ばれている。

フリそつ【フリ卒】 フリーターを卒業すること。今までフリーターだった人が仕事を探し始めるという、今の日本においては喜ばしい出来事。「そろそろフリ卒しようかな」（滋賀県・中3・男／大阪府・高2・男）

プリマジ 「プリクラマジック」の略。プリクラによ

方言メモ　長野県からの投稿
【がまんど】

って顔が白く写ったり、肌がきれいに写ったりして、実際の本人よりも何倍もきれいにかわいく写ること。「親友からプリクラをもらったが、プリマジしていて最初誰かわからなかった」「あの子はプリマジ女王だ」（大阪府・高2・女）

ぶりる【ブリる】 好感度を上げるための手段の一つで、可愛い子のように振るまうこと。「彼女はブリるせいで逆に嫌われている」（神奈川県・高1・男）

フルしかと【フルシカト】 「シカト」の最上級。「おいっ！　フルシカトかよ」（東京都・高2・男）

プロい ❶技術や完成度がプロのようにすばらしい状態であること。「プロ」が形容詞になった言葉。「ピアノの弾き方がプロい」（京都府・中3・女）❷特定のことに関して他人より秀でていること。「うわ〜、プロいじゃん」「食べる早さがプロいよね」（群馬県・中2・女）

プロミネってる 髪がはねあがっていること。「ニュースキャスターの髪がプロミネってる」❖太陽のプロミネンスに似ていることから。（青森県・中1・男）

ぺこきゅー【ペコキュー】 お腹が減った状態。「今日は朝食を食べてないので、ペコキューになった」（奈良県・中1・女）

へこむ 外からの何らかの要因で元気がなくなること。缶がぺこっと凹む感じで、心が弾力を失って押し返せない様子。「厳しい練習に耐えて目指していた大会に、風邪をひいてしまって出られなかった時には、さすがにへこんだ」（神奈川県・36歳・女）

ぺこる【ペコる】 相手に謝る。「ごめん、代わりにあいつにペコっといて」（東京都・中2・男）

べた【ベタ】 ❶左官が壁を平らに塗る作業が誰に

人ごみ。「すごいねやねやしている」

でも簡単にできるということから、ありきたりなことが多い。(広島県・中3・男) ❷ありきたりで斬新さの無い展開。英語の「better」の「最上」ではないが、上の部である」の意味から変化した。「ベタな話のドラマ」(京都府・中3・男) 補注 語源は諸説あるが、「隙間なく」の意から、「万人うけする」→「ありきたりな」へ意味が広がったとする解釈が一般的か。

と。「ベタな選択」❖芸人のネタを指して使われること。

へたれ ❶なんでもすぐにやめてしまったり、投げ出してしまうこと。またその人。❷勇気がないこと。またその人。❖相手をバカにするように言う使い方と、自分のことを自虐的に言う使い方がある。(和歌山県・中3・男)

へちょい ❶何かにおいて出来が悪いこと。下手であること。へぼい。「山田のフォーム、すごくへちょいね」(大阪府・中2・女) ❷「へなちょこ」の略。(東京都・中2・女)

ぺちる【ペチる】 人の物を盗ったりアイデアを真似すること。「盗む」より軽い。「オレのシャーペン、ペチんなよ」(大阪府・高1・男)

ぺら【ペラ】 嘘をつくこと。また、嘘をつく人。「またペラったのかよ」❖一説には、ペラペラとおしゃべりな人の話の内容が嘘ばっかりであったことからだとも。(北海道・中3・女)

ぺらお【ペラ男】 周りの人を気にせず一人でペチャクチャとしゃべり続ける男のこと。「あいつはペラ男だ」(山形県・中3・男)

ポケる ポケットモンスターのゲームをすること。「俺、今からポケるから余計なことすんなよ」(大阪府・中3・男)

ぼこる 「ぼこぼこにする」の略。「お前、あんま調子に乗っていると、ぼこるぞ」❖ケンカの時などに使う。

方言メモ 長野県からの投稿

【ねやねや】

（三重県・高3・男）

ポジプラ　ポジティブでプラス思考のこと。「もっとポジプラでいこうよ～」「山田!!　ポジプラ、ポジプラ!!」反ネガマイ（埼玉県・高2・女）

ぽっちゃりけい【ぽっちゃり系】　太っている人をなるべく傷つけないように作られた、太っていることを表す言葉。「あいつはぽっちゃり系だ」（東京都・高1・女／大阪府・高1・男）

ポテチ　「ポテトチップス」の略。薄くスライスしたじゃがいもを油であげ、塩をふったもの。家庭でも作ることができるが、主に袋詰めにされた市販のものを指す。「ポテチが食いたい」（静岡県・中2・女）

ポリでん【ポリ電】　「ポリス（警察）に電話」の短縮形。一一〇番のこと。「盗まれたから、もうすぐにポリ電」（兵庫県・中2・男）

ぽれる【ポレる】　くっついていたものがとれる。「ポロっととれる」を略した言葉。「カツラがポレる」（茨城県・高3・男）

ホワイトキック　「しらける」の意。しら＝ホワイト、ける＝キックで、ホワイトキック＝しらける。（大阪府・高1・男）

ボンバってる　❶髪の毛が寝ぐせなどで逆立っている様子。または天然パーマの人の髪の毛の様子。「今日、髪の毛ボンバってるなぁ」❷アフロ。（山梨県・高2・男）

マーライオン　お酒を飲み過ぎて気持ちが悪くなり、人前でもどしてしまうこと。またその人。「新宿駅でマーライオンをたくさん見かけた」（埼玉県・24歳・女）

まぎゃく【真逆】　南と北が一八〇度反対にあるよ

汚い。「この部屋は、らんごくだ」「すいませんねー。らんごくで」

うに、まったく反対であること。「正反対」よりも程度が強い。「あなたの言っていることは真逆だ」(三重県・高2・男／山口県・高2・男)

マクる・マクドる ❶「マクドナルドに行く」の略。「今日、マクらない？」(埼玉県・中1・男)❷マクドに行くこと。「ちょー、今日マクドろや」(大阪府・高1・男)補注「マクる」は関東から、「マクドる」は関西からの投稿。

まじ(で)【マジ(で)】 ❶本当に。「この前の小テストはマジで難しかった」「マジ寝(＝熟睡)」❖思いがけないことが起こった時や、精神的に追いつめられた時の返答として使うこともある。「君が好きな選手、来月に移籍するんだって」「マジで!?」❷本気で。真剣に。「マジで練習しないと勝てないよ」(大阪府・高1・女)

まずる【マズる】 まずいことをする。失敗する。会話中に過去形で用いられることが多い。「やべぇ…マズっちゃったよ～」「何!? 何かマズったの!?」(山形県・高2・男)

まだお【マダ男】 「まったくダメな男」の略。(北海道・中1・女)

まちる【街る】 街に行く。学校や部活帰りに家に帰ってもヒマだという時の誘い文句。「今日もヒマだし～街らない？」(広島県・高2・男)

まっぱ 「まっぱだか」の略。「あんな所にまっぱな人がいる」「まっぱで家の中歩くんじゃないの」(宮城県・中1・女)

まつる【松る】 牛丼屋の松屋に行くこと。「今日、松らない？」(東京都・高3・男)

方言メモ✎長野県からの投稿
【らんごく】

ママとも【ママ友】 小さな子供を持つ母親同士の友達のこと。特に、子供を持ってから保育園や幼稚園で友達になった間柄を指すことが多い。互いを呼ぶ時は、子供の名前に「ママ」を付けて呼び合うことが多い。「今日、ママ友で集まるんだ。翔太ママと絵里ママが来るから」（北海道・31歳・女）

ママ友

まるケー【マルK】 コンビニエンスストア「サークルK」の略語。（愛知県・高1・男）

まろ 眉毛の手入れをした際、抜きすぎてしまい極めて薄くなってしまった状態、またその人。平安時代以降に用いられた一人称であるが、絵巻物に出てくる平安貴族の眉毛がとても薄いため、現代では眉毛の手入れの失敗を示す言葉となっている。「お前、眉毛抜きすぎでまろになってるぞ」（東京都・高2・男／北海道・高1・女ほか）

まろい【マロい】 非常に落ちついた、和やかな状態。「まろやか」から。「この喫茶店は非常にマロいね」（北海道・高2・男）

ミッキー キスのこと。「あの子とあの子がミッキーしたらしい！」❖「ミッキー」＝「ネズミ」＝鳴き声が「チュー」ということから。（神奈川県・中2・女）

ミニスト コンビニエンスストア「ミニストップ」の略。（京都府・中3・男／茨城県・中2・男ほか）補注「ミニップ」「ミニプ」という投稿も。

みのる みのもんた氏ばりにバリバリ働くこと。「あの家のダンナさん、みのってるわねぇ」（神奈川県・高3・女）

むさい 熱気がムンムンしていて、どことなく汗の臭

✏ 心身共にリラックスする。「はよ、家あがってじょんのびすれて」

いがすること。また、女っ気がないこと。「男子校はむさい」「柔道部の部員はみなどことなくむさい」（大阪府・高1・男）

むしゃい　仲が良いさま。友情が深まった時に使う。基本的に良い意味。「あなたたちって、とてもむしゃいね！」「うちらはむしゃだち？（仲が良い友だち）」（千葉県・中3・女）補注 武者小路実篤の「仲良き事は美しき哉」に由来か？

むすくれ　「筋肉質」の意。筋肉という英語のつづり（muscle）をそのまま読んだもの。「結構むすくれだね」（北海道・高専1・男）

むだがらみ【ムダがらみ】　たいして用事もないのに、無意味でつまらぬ話をもちかけること。「大好きな先輩にムダがらみしてしまった」「暇だったので友人にムダがらみしてみた」「酔っぱらいにムダがらみされた」（東京都・高2・女）

むない　❶充実していない。味気がない。「こんな結果はむない」❷あわれだ。「ここで死ぬなんてむない」❖「むなしい」の略。さらに略するときは「むっな」。「（期待していたことがあっけなく終わって）むっな」（大阪府・高1・男）

めぢから【目力】　目にインパクトがあること。大きさや強さなど目の存在感を表す言葉。「目力メイク（＝目元を引き立てるメイク）」「睫毛《まつげ》パーマとマスカラで目力がアップした」（奈良県・38歳・女）

きたはら　基本的な和語と和語を組み合わせて、こんな語も作れるのですね。目は美容上重要な部分だから、こういう語が生まれるのでしょう。

めら【メラ】　メラメラ燃えるほどすごい様子を表す接頭語。「あの人はメラ強い」（神奈川県・高3・男）

めんどい　すべてにやる気がなくなること。「面倒臭い」の略。わずらわしい、手間のかかることをするの

方言メモ　新潟県からの投稿

【じょんのび(する)】

を嫌がる時などに使う。「めんどいから難波行くのやめるわ」(大阪府・高1・女)

もさい ❶見た目が不潔な人を指す。「前髪がのびてきて、もさく見える」❷部屋に空気がこもっていて異臭がただようような雰囲気。(大阪府・高2・女)❸見た目からして貧相な、臭そうな、貧乏そうな様子。「あの人、もさっている」(兵庫県・高2・女)

モザい 「ウザい」を超えて、モザイクをかけたいほど鬱陶《うっとう》しい様子。「お前って何でそんなモザいことばっかり言うネン！」「お前、存在がモザいわ…」(大阪府・中2・男)

もじゃかる 「もつれる」の激しいもの。「コンセントがもじゃかる」「カミの毛がもじゃかる」(愛知県・中3・男)

モスる モスバーガーで食事をすること。「学校終わったら、モスろう」❖似たような言葉として、「バミる(＝バーミヤンで食事をする)」「ジョナる(＝ジョナサンで食事をする)」など。(山梨県・高2・男)

もちる ねばり強いこと。最後まであきらめず根性があること。頑張ること。「もう少しもちっていこうや」「あなた、結構もちっとるなぁ～」(広島県・高1・女)

もちばち【もちバチ】 「もちろんバッチリ」の略。準備が済んでいる時や、当然だという時に使う言葉。(山形県・中3・女／徳島県・高2・女ほか)

もっそい 「すごい」の最上級。「ものすごい」よりも上。「あの人はもっそい賢い人だ」(東京都・高2・女)

もりぐい【盛り食い】 もりもり食べること。口いっぱいに物を入れてすごい勢いで食べること。「盛り食いしすぎて太っちゃったよー」(愛知県・中3・

✎ 捨てる。「ごみぶちゃれや」

女)

もりでん【盛り電】 たくさん電話がかかってくること。「昨日友達からかなり盛り電来たし」(愛知県・高3・女)

もる【盛る】 ❶濃い化粧をする。「なにげに盛ってね?」(=少し化粧が濃いのではありませんか?)」❷髪の毛を立ちあげる。「このワックスよく盛れる」❸量が多い。「ご飯盛りすぎ」❹事実ではなく、その話の内容を実際よりも大げさに話すこと。「おれ、一億円拾ったんだ」「その話は盛ってるよ～」(広島県・女・高1／東京都・高2・男ほか)

きたはら 「盛る」は盛った結果がイメージされやすい語なので、その結果にひかれて意味が拡大するのでしょう。

やさお【ヤサ男】 優しすぎる男性のこと。(兵庫県・高3・女)

やまぱつ【やまパツ】 前髪がまゆ毛より上で、アーチ型にそろっていること。おでこの中心部分あたりが一番短い。「前髪切ったの? それやまパツじゃん」(山形県・高3・女)

やみで【闇で】 ❶ひっそり。こっそり。隠れて。「闇で勉強する」「闇で取り引きをする」❷意外に。「闇で簡単だ」「闇で弱い」(大阪府・高2・男)

やみる【ヤミる】 (部活や授業などを)サボること。「今日、A君は部活をヤミった」「今日、塾ヤミるわ!」(埼玉県・高2・男)

やむ【病む】 ❶悩む。落ち込む。困る。「嫌なことがありすぎて病む」❖病気になるという意味ではない。(滋賀県・高1・女)❷恋人のいない女の子たちがカップルを見てテンションが下がってしまうこと。

方言メモ 新潟県からの投稿

【ぶちゃる・びちゃる】

「あのカップルいいなぁ…、病む〜」（山口県・高1・女）

やらはた　やらずに（性経験なく）二十歳を迎えた人のこと。「あのヒトやらはたらしいよ！」（兵庫県・高2・女）

ユニクローゼ　全身ユニクロで身を包む人。またはユニクロばかりで服を買う人。（奈良県・高2・男／高知県・20歳・男）

よさげ　いい感じ。よい気がする。「あの服、よさげだよね」（北海道・中1・女）

よさのる【与謝野る】

髪がみだれていること。与謝野晶子の『みだれ髪』より。「すごく与謝野ってるよ!?」類**フランシスコ・ザビエーる**＝髪がないこと。ハゲていること。「あの人、フランシスコ・ザビエってるぅ〜」（東京都・中3・女／秋田県・中2・女ほか）

きたはら　「る」を付けて動詞を作る例は以前からあり、最近でも「コクる（＝告白する）」「マクる（＝マクドナルドに行く）」などという動詞が作られています。これらの語に共通するのは語幹が短い、あるいは語幹を短縮しているということです。ただこの語の場合、もっと大切なことは、中学生に「与謝野晶子」＝「みだれ髪」という共通認識があることです。晶子のみだれ髪は単に寝相が悪くて乱れたのではなく、もっと意味深長なのですが、そこまでは問わないことにしましょう。

よしる【吉る】　吉野家に行くこと。「今日、吉らへん？」（大阪府・高1・男）

よゆう【余裕】　❶簡単すぎて話にならないこと。「余裕でできます」❷楽に進行できること。「時間まだ余裕だから!!」（東京都・中3・女）

新鮮なさま。「いやぁ、これだけきときとな魚は東京ではめったに食べられんちゃ」

よれる【ヨレる】 ショックが大きく立ち直れない様子。へこむこと。「昨日失恋してまじヨレる」❖ショックをうけた人が友達などにそのことを伝える時に使う。（三重県・高2・女）

らちる【拉致る】 ❶無理やり連れ去ること。学校などで他グループから必要な人材を引き抜く時にも「拉致る」という。（大阪府・中2・男）❷人の物を勝手に取っていくこと。「人のもの拉致るな！」（京都府・中3・男）

ラブい【らぶい】 かわいいさま。「あの猫らぶいよね」（静岡県・中2・女）

ラボい 「とてもとても仲良し」の意。「あの二人いっつも一緒でラボいよねぇ」（神奈川県・中2・女）

りくでん【陸電】 家の電話のこと。「陸電に電話して」類家電（愛知県・高校生・女）

リピる リピートすること。「この曲ずっとリピってた」「これ、リピる？」（群馬県・高1・女）

りるりる【リルリル】 「わかります」の意。「リル？」を使って聞かれた時に返す言葉。「分かりル？」「リルリル!!」（奈良県・中2・女）

れいご【レイゴ】 髪を五厘《ごりん》刈りにすること。または その髪型。「昨日、レイゴにした」（兵庫県・高2・男）

レンちん【レンチン】

食品を電子レンジで温めること。「レンジでチン」の略。「ラップをかけてレンチン三分」（奈良県・32歳・女）

ローカる 各駅停車の電車に乗ること。「今日は急行に乗ろうか、ローカろうか」類カクる（東京都・高2・

方言メモ　富山県からの投稿

【きときと】

男）

ロンクリ　「ロンリー」と「クリスマス」を合わせて略したもの。「ひとりぼっちのクリスマス」の意。「今年は彼氏と別れてロンクリなんだよねー」（東京都・15歳・女）

わかめってる　前髪が変なこと。「ねえねえ、君、前髪わかめってるよ!!」（神奈川県・高2・男）補注『サザエさん』のワカメちゃんの髪型に由来？

学校のことば 2

学生の生態まるわかり

あおぞらクラブ【青空クラブ】 帰宅部。部に所属せず、青空の下、まっすぐ家に帰る学生たちのこと。（山形県・高2・女）

あかいみはじけた【赤い実はじけた】 初めて恋をして新たな感情が芽生えること。またその気持ち。恋心。初恋。「彼女は初めて彼氏ができた。ついに赤い実（が）はじけたらしい」❖小学校の教科書に掲載されている「赤い実はじけた」という物語から。（茨城県・高3・女）補注 主人公の女の子が同級生の男の子に淡い恋心を抱く物語。作者は児童文学作家で、『キャンディ・キャンディ』の原作者でもある名木田恵子。

あかがみ【赤紙】 ❶戦時中では軍の召集令状。❷差し押さえの紙。❸補習への召集令状。❖③の場合、紙自体は赤色ではなく藁半紙。（大阪府・高2・男）

あかる【赤る】 「テストで赤点を取る」という意味で、それを短くした言葉のこと。「僕はテストで毎回赤る」類 けつる（北海道・高専2・男）

あきじかん【空き時間】 授業の無い時間帯。「今日の二時間目は空き時間だから、歯医者に行く」「空き時間にテストの採点をする」❖教員が使う語。類 空き教室・空き教員（石川県・31歳・男）

あさがえり【朝帰り】 学校に登校して出席をとってから保健室へ行き、一時間目の途中に早退すること。「山田、また朝帰りだよ〜」（神奈川県・高3・男）

きたはら 本来の「朝帰り」は、どこかで夜を過ごして朝になって「自分の家に」帰ることです。それに対して、これは、朝のうちに「学校から」帰ること。どこに帰るのかはわかりません。意味がすっかり入れかわっていますね。

あさづけ【朝漬け】 テスト当日の朝、学校に来てから、テストの出題範囲を一気に詰め込むこと。「一夜漬けをしようとしたら、うっかり寝てしまって、

道が凍ってつるつるの状態。「今日の道はきんかんなまなまやから気をつけて〜！」

朝漬けになってしまった」(神奈川県・16歳・女)

あんちゃり【暗チャリ】 校則で禁止されているのに自転車で学校に来ること。類闇《やみ》チャリ(静岡県・高2・男)

いかきょう【イカキョウ】 「いかにも京大生」の略。めがねをかけ、チェックのシャツを着て、ズボンに入れる。ウエストポーチ着用。「あの人イカキョウちゃうん?」(大阪府・中3・女)

いかとう【イカトウ】 「いかにも東大生」の略。「あいつ、イカトウだよね?」「うんうん」(東京都・高2・男)補注 外見的特徴は「イカキョウ」とほぼ同じ、との情報あり。

いかのおすし【イカのおすし】 知らない人に声をかけられた時の対処法。いか(ない)、の(らない)、お(おごえをあげる)、す(ぐににげる)、し(らせる)。(京都府・中1・女)

いそう【異装】 校則に反した服装。アクセサリーや化粧が禁止の学校などは、それも含む。「あっ、マニキュア落としてないじゃん!　異装だよ!」❖表記は「違装」とも。(東京都・17歳・女)

いそけん 「異装検査(違装検査)」の略。校則に反した服装をしていないかの、(抜き打ち)検査。「今日いそけんでひっかかっちゃったよー」「最近いそけん無かったから、そろそろやりそうじゃない?」類ふっけん(東京都・17歳・女)

きたはら 「普通とは違った異様な服装」という意味の「異装」は昔からありましたが、この意味は新しいものです。「異装検査(違装検査)」の省略形「いそけん」と合わせて、現代的で軽い語感に変容しています。

方言メモ　石川県からの投稿

【きんかんなまなま】

いちまつ【市松】 前髪をまっすぐパッツンパッツンに切ってしまったこと。「切りすぎて市松になった!」（京都府・中2・女）補注 市松人形からの連想。ちなみに「市松人形」「市松模様」の「市松」は、江戸中村座の歌舞伎役者、佐野川市松のこと。

いなヤン 「いなかのヤンキー」の略。都市に住む人が、いなかで目撃した不良を指していう言葉。（福岡県・高3・男）

いんキャラ【陰キャラ】 そのクラスやグループの中であまり目立たない存在の人。あまり発言などをしない陰気なキャラクターのこと。「彼は見かけとは違い、陰キャラだ」「A組は陰キャラが多い」反 陽キャラ・バリキャラ（大阪府・中1・男／兵庫県・中2・男）

インちゅう【イン注】 「インフルエンザの注射」の略。「イン注した?」「イン注、痛かった」（山形県・中3・女）

インドア ひきこもりのこと。（神奈川県・中3・女）

うらそく【裏則】 ❶裏の校則のこと。❷先輩と後輩の中だけで使われている校則のこと。「裏則で一年は紺ソはいちゃいけないことになってるんだよ」（千葉県・中2・女）

えいふめ【エイフメ】 「永遠不滅」の略。仲良しの友達の間で使われる。「今日で卒業だねぇ」「高校は違うけど、うちらはエイフメだよ!」（沖縄県・高1・女）

えきべん【駅勉】 駅で電車を待っている時間が惜しくて、宿題をすること。ベンチに座ってする。「電車が来るまで一〇分あるから駅勉でもしよう」（岡山県・中1・男）

✎ 雪にゴボッとはまる。「道を歩いていたらごぼった」

えぐれる 極端に成績が下がること。「この一カ月でえぐれた」反バキューン（大阪府・高1・男）

エフる【Fる】 授業などの単位を落とすこと。学校によっては異なる表現もあるらしい。「（テストの後で）あーあ、こりゃFったな」（愛知県・19歳・男）補注 単位がA・B・C・D・E・Fで表される学校において、Fを取る、つまり落第すること、という説と、「Fall（落ちる）」に由来するとの説がある。

えんとも ❶永遠の友達。❷遠距離の友達。「私はあの子とえんともなんだ」（山梨県・中2・女）

おきべん【置き勉】 教科書などを家へ持ち帰らず、学校へ置いておくこと。「今日は荷物が多いから置き勉しとこう」「昨日置き勉したけど、今日のテスト鉛筆転がしてばっちり及第点でお気楽」❖おしゃれな学生はかばんがスリムでないといけないため、本来なら持ち帰るべき勉強道具を泣く泣く学校のロッカーにしのばせて帰る。先生に見つかり保護者に連絡され二重に怒られるというリスクあり。（山口県・高2・男／福岡県・28歳・女）補注 もちろん「泣く泣く」ではなく、単に重いから置いて帰るのである。多くの高校で禁止されている。

おともだち【汚友達】 いつもつるんでギャーギャーさわぐ、仲のよい友達のこと。色々な面で悪い友達でもある。「うちらまぢ汚友達だら（笑）」❖「汚友《おとも》」とも。（静岡県・高1・女／神奈川県・中3・女／鹿児島県・高3・男）

おなクラ【オナクラ】 「同じクラス」が省略されてできた言葉。「カツオと中島くんはオナクラだよね？」（埼玉県・35歳・男）

おなちゅう【おな中】 同じ中学校という意味。「あたしあの子とおな中だったよ」（埼玉県・17歳・女）

方言メモ 石川県からの投稿

【ごぼる】

おにだち【鬼ダチ】 とても仲のいい友達のこと。友達として最高ランクに入る。ちなみにランクは順番に友達→親友→マブダチ→鬼ダチ、となる。別に鬼のように怖い顔の友達のことではない。「俺たち鬼ダチだろ?」（千葉県・中3・男）

おわる【終わる】 ❶あるものの状態がよくないさま。「あの子の服装終わってる」（愛知県・高1・女）❷（特にテストの後）力が発揮しきれず、絶望に打ちひしがれること。「今回のテスト、本当に終わった」（神奈川県・高2・女）

かいべん【買い弁】 お弁当を作らずにコンビニなどの店で買うこと。また、その買ったお弁当のこと。「今日俺、買い弁なんだぁ」「明日は買い弁でいい」反ママ弁（東京都・高3・女／佐賀県・高3・女）

かたろう【語ろう】 中高生が何か話したいとき、相談したいときに、友達との会話のキッカケを作る言葉。「ねぇねぇ、語ろーよー」「じゃ、今から語りタイムで」（千葉県・中3・女）

がつべん【ガツ勉】 ❶熱心に勉強すること。「あの人はガツ勉だから成績がよい」❷勉強ばかりしていて、まわりが見えないさま。「あいつは四六時中勉強をしているガツ勉だから友達がいない」（岡山県・中1・男）

かりとも【仮友】 友達のふりをしている仮の友達。（三重県・中2・男）

かんきん【缶金】 飲み終わったジュース類の缶を学校にある機械で十円（お金）にすること。「これ缶金しに行こう」（東京都・高3・女）補注空き缶リサイクルのためにデポジット制度（空き容器を返却すれば代金の一部が返金されるシステム）を導入している学校からの投稿。

表面が硬く凍って、足が沈まなくなった雪の上を歩くこと。「ごぼらずにそらあるきする」

【朝漬け】

寝すごしたーっっっ
朝漬けで勝負だーっ
うん・
さっぱりした点数…

【終わる】

よ!
テストどーだった?
終わった…
ガーン
終わってる…
大丈夫!!
お前はまだ始まってもいない!
そこ喜ぶところじゃ…

方言メモ 石川県からの投稿

【そらあるき】

かんばき【館履き】「体育館履き」を略した言葉。「館履き忘れちゃったんだけど持ってる?」(東京都・高3・女)

がんボイス【がんぼいす】❶頑張って声を出そうと励ますかけ声。❷やる気につながるかけ声。❖部活動で使う言葉。「先輩、がんぼいす」(北海道・高3・男) 補注「頑張って」+「ボイス(声)」に由来か。

きまつテストしょうこうぐん【期末テスト症候群】 切羽詰まっている時に限って何か別のことが無性にやりたくなってしまう症状。期末テスト前夜、つい、部屋の掃除などに勤しんでしまう学生が多いことからこの名が付けられた。(岐阜県・高1・男)

ぎゃくデビュー【逆デビュー】 高校入学と同時にそれまではじけていた人物がまじめで普通の生徒になること。逆デ。反 高校デビュー(山梨県・高2・女)

きょうかけいきたくぶ【強化系帰宅部】 特定のクラブに属さない、いわゆる帰宅部の生徒のうち、放課後に本当にすぐ帰宅する生徒のこと。普通の帰宅部とは違い、厳しい決まり(授業が終わったらすぐ帰る)を強いられている。強め、強力な帰宅部。(神奈川県・高2・女)

きょしゅはつげん【挙手発言】 四種類のサインで挙手し、発言すること。パーは「意見」、チョキは「他の人の意見に賛成」、グーは「発言された意見に対して反対」、一本指は「質問」をそれぞれ意味する。主に岐阜県の小学校で、授業中に生徒みなに意見を発言させる時に用いる。全員が授業に参加できるスタイル。(岐阜県・高3・女) 補注 一般には、「挙手して発言する」という、より広い意味で使われる。生徒への発言のさせ方には、ほかに「自由発言(=挙手をせずに自由に発言する)」がある。

✏ コップから水がこぼれる寸前の状態。「ボールつるつるいっぱいに水を入れて下さい」

きらりーマン【キラリーマン】（部活などしていて）キラキラしている男の子、男の人のこと。「あの人キラリーマンじゃない？」「あのキラリーマンかっこよくない？」（山口県・中2・女）

きりジャー【切りジャー】 長いジャージをひざぐらいで切って、ハーフパンツとして着ること。「あっ、あなた切りジャーしてるねぇ」❖高校生、中学生がよくおこなう。（愛知県・中2・女）

くずれ 部活動を途中であきらめた人の総称。基本的に転部先は週一部活および帰宅部。「おーい、そこのバスケ部くずれ、早く来い」（静岡県・高1・男）

グラせん【グラセン】「グラウンド整備」の略。校庭を使用する部活動で使われる。「一年生はグラセンしておいて」「グラセン終わったら集合！」（神奈川県・18歳・男）

きたはら どうして「グラセイ」にならないのでしょうか。「グラセン」の方が発音したときに落ち着きが良いのでしょうね。これでは「グラウンド整備専門」の略になってしまいます。

くろぞめ【黒染め】 明るい色に染めた髪を、頭髪検査、面接などの理由により、一時的に黒色に染め直すこと。また、その染料。「明日、頭髪検査あるらしいよ」「え!!　黒染めしなきゃ」（千葉県・高2・女）

げきこぎ【激コギ】 自転車を、立ち乗り、座り乗りにかかわらず猛烈な勢いでこぐこと。またはその様子。「激コギしないと間にあわない」「下り坂で激コギは危ない」（熊本県・高2・女）

げきちゃ【激チャ】「激走チャリンコ」の略。急いで自転車をこぐこと。「オレ、激チャして学校きたんだ」（愛媛県・高1・男）

きたはら「激」は、「激減」「激賞」「激戦」など程度や勢いがはげしい、はなはだしいという意味を

方言メモ 石川県からの投稿

【つるつるいっぱい】

表して、漢語を作る語です。これが、和語や変な新語(略語)に冠せられるように、用法を拡大しています。それにしても「激チャ」はすごい省略ですね。

けしバト【消しバト】「消しゴムバトル」の略。机の上などに消しゴムを置き、指ではじいて相手の消しゴムを机からはじき落とした方が勝ち。定規を使った「ジョウバト(＝定規バトル)」もある。(兵庫県・10歳・男)

けつる　欠点(＝不合格点)を取ること。「やべっ!!けつった!!」「お前けつった?」「ううん。オレけつってないけど、お前は?」「あっ!　オレけつったで～」類赤る(大阪府・高1・男ほか)

こうこうせいサラリーマン【高校生サラリーマン】❶高校生なのに、麻雀などギャンブルのことにくわしい人。❷高校生なのに、制服姿がサラリーマンに見える人。(東京都・高3・男)

こうこうデビュー【高校デビュー】❶高校に入学する前までは普通の生徒だったが、高校に入学したとたん、いきなりちょっと不良っぽくなること。基本的に偏差値が高い高校で行うのがカッコイイ。「あの人高校デビューしたね」(神奈川県・高1・男)❷高校入学と同時に、それまで人間関係等で目立つ位置にいなかった人物が、突然外見や振る舞いを変え、目立つ位置に立とうとすること。「高校デビューに失敗する」(山梨県・高2・女)反逆デビュー
補注略して「高デ」とも。

こうせんびょう【高専病】❶高専で、異性との交流がないばかりに異性への感覚が鈍り、異性の容姿の評価基準が狂うこと。(北海道・高専3・男)❷高専は頭の良い学校なので、その学校に入るためにたくさん勉強した女子たちはおしゃれなどのことがわかっていない。それを見慣れている高専の男子た

✎テレビの番組放送が終了し、「ザー」という音が鳴っている状態。

ちは、他校の女子高生を見ると誰でもかわいく見えてしまう、という怖《おそ》ろしい病気。（北海道・高2・女）

こそべん【こそ勉】 テスト前、「勉強してない!!」と言いつつ家でこっそり勉強すること。「お前めっちゃ成績ええやん!!　こそ勉しよっただろー!」（香川県・高2・女）

こんソ【紺ソ】 紺色のハイソックスのこと。「紺ハイ」ともいう。学生が制服の時にはく靴下のことで、これ以外には白ソ（白のハイソックス）や、ルーズ（ルーズソックス）をはくことが多い。（神奈川県・高2・女）

さいとうこう【再登校】 学校のある日に、一度家に帰ってから、もう一度学校に行って部活をすること。「今日の部活は再登校です!」（北海道・中1・女）

さんかくたべ【三角食べ】 食卓に並んだものをバランスよく食べること。「そればかり食べないで三角食べを意識しなさい」（群馬県・高2・男）補注「主食→主（副）菜→汁物」の順に食べること。学校の給食指導では「パン→おかず→牛乳」の順となるが、最近はこれができない生徒も多いとか（ばっかり食べ）。米飯給食が増えており、一部からは「牛乳のあとに米は味が合わない」という声も。

さんこん【三コン】 「三者懇談」の略。特に生徒（受験生）が嫌がる。「今日、三コンやねん」「えー!　嫌やな!　頑張れ～」（三重県・中3・女）

さんてんセット【三点セット】 教科書、ノート、ワークの三つをあわせたもの。（北海道・中1・男）

GHQ ❶「Going Home Quickly」の略。帰宅部のこと。❷「早く家へ帰れ（Go Home Quickly）」の略。部活に所属している人間が、嫌みを込めて帰宅部を呼称する際に用いる言

方言メモ 福井県からの投稿
【じゃみじゃみ】

葉。（三重県・中3・女／東京都・高2・男）

GWSH「ゴールデンウィークスペシャルホームワーク」の略。ゴールデンウィークの時に出る宿題のこと。（愛知県・中1・女）

ジーニアス ❶英和辞典。❷危険物。またはそれを使う危険人物。「英語の山田先生がジーニアスで生徒をたたく」（山梨県・高校生・男）

じしゅきゅうこう【自主休講】（主に大学において）学生が授業をサボることの婉曲的表現。「今日の語学の授業、自主休講だから時間空いてるよ」（岐阜県・23歳・男）

じしゅべん【自主勉】（小学校の）先生が特に宿題を考えていない時、生徒たちに好きな課題を宿題としてやらせる時に言う言葉。「今日の宿題は特にないので、自主勉してきて下さい」（埼玉県・高2・女）

しふくせいふく【私服制服】 制服（ブレザー、セーラー服）の形をした私服。類なんちゃって制服（大阪府・中1・女）

ジャイこ「ジャイアント黒板消し」の略。普通の黒板消しの二倍はある。（宮城県・中2・男）

シャツだし【シャツ出し】 学校の制服などで、格好をつけてシャツの裾《すそ》を出すこと、またそのような格好をしている生徒。「シャツ出しはやめてください」（宮崎県・中3・女）

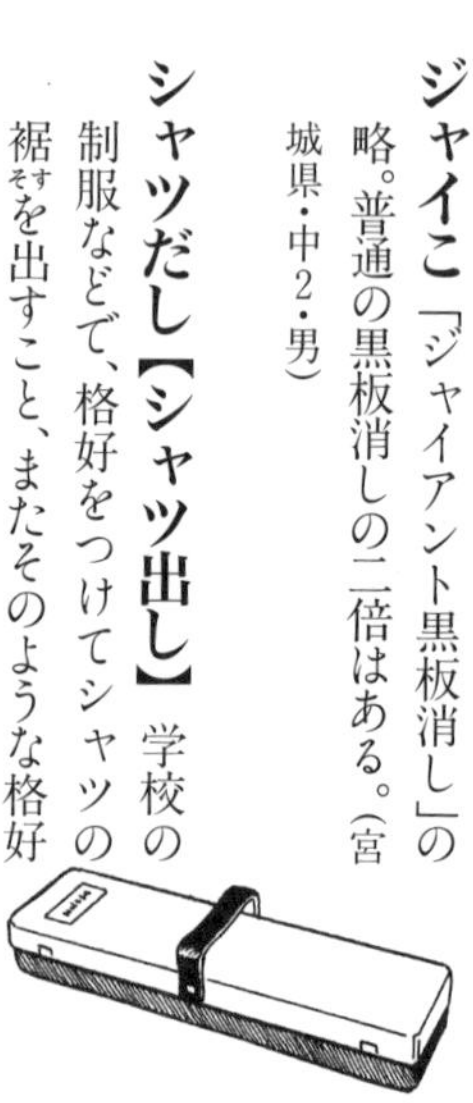

ジャイこ

ジューじゃん【ジュージャン】 ジュースをかけたジャンケンのこと。ジャンケンに勝った人ほどジュースがたくさん飲める。「今からみんなでジュージャンやろう」（福岡県・中3・女）

河童。「川で釣りしよったら、がおろが釣れた」

じゅくお【塾男】 スケジュールが塾でいっぱいの男のこと。「俺、今日塾男や〜」(大阪府・中3・男)

じゅけんせんそう【受験戦争】 学校で学んだことを武器として、それを勉強により強化させて、己の将来のために戦う、日本で唯一終わっていない戦争。(広島県・高2・男)

じょクラ【女クラ】 女子クラスのこと。一クラスの生徒が全員女子のこと。女子が多い学校によくある。(兵庫県・高3・女)[補注]同じく「男クラ」もある。理系コース、文系コースで男女の人数差がある際にも編成される。

じょッカー【女ッカー】 「女子サッカー部」の略。「N校の女ッカーは強いしかっこいいよねー」(沖縄県・高1・女)

しるもれ【汁もれ】 弁当箱から汁がこぼれること。(北海道・中2・男)

しろてん【白点】 テストの答案用紙がほぼ真っ白なときの点数。(富山県・高2・女)

しわす【師走】 いつもは「廊下を走ってはいけない！」と言っている先生方が廊下をドタバタ走る説得力のない様子。(福岡県・中2・女)

しんにゅうぶいん【侵入部員】 部員でもないのに部室内に入ってくる生徒のこと。「侵入部員は出て行け」(大阪府・高1・男)

しんゆう【新友・信友・心友・親友】 読み方は同じだけど、相手への想う気持ちが徐々に深くなる。【新友】新しくできた友達。【信友】信じられる友達。【心友】心が通じ合っている友達。【親友】親しい友達。(愛知県・高3・女／愛知県・高2・女／三重県・中3・女)

方言メモ　岐阜県からの投稿

【がおろ】

スーパーオール 部活動で、ひとつの部が体育館を全面使うこと。「今日の部活、スーパーオールや」(奈良県・高2・女)

スクみず【スク水】「スクール水着」の略。「ビキニよりスク水のほうが好きだ」(東京都・高3・女)

スク水

ずっとも【ずっ友】 ずっと友達。「うちらずっ友」(静岡県・高2・女)

スペースシャトルじゅけん【スペースシャトル受験】 万全のバックアップ体制で受験に臨むこと。たまに落ちる。「彼はスペースシャトル受験をして志望校に合格した」(京都府・中2・男)

スポせん【スポ薦】「スポーツ推薦」の略。スポーツの上手な人を推薦入学させ、チームに入れること。「彼は、剣道のスポ薦で入ってきた強い人だ!」(東京都・高2・男)

せいしゅんぶ【青春部】 部活をしていない人たちが集まって、世間話をしたり遊んだりして活動すること。❖主に部活を引退した人たちが活動。(奈良県・中2・女)

せいしゅんボーイズ【青春Boyz】 ❶青春したい若者たち。語り合い、友情を深め、青春していく男たち!「オレたち、青春Boyz」❷今まで生きてきた中で、異性との性行為をしたことがない高校生。(山形県・高3・男)

せいじん【成人】 テストの点数が二十点である人のことを指す。点数の具合により「硝子《ガラス》の十代」「新入社員」「子供が二人」「働き盛り」「定年」「米寿」「白寿」「ご長寿」などの表現もある。ごくまれに「生まれたて」も出没する。❖自分のテストの点数をや

✎ 失敗する。「あれ作るの、げばいた」

んわりと伝えたい時に用いる。(熊本県・高1・女)

せいりたいしょうぐん【整理大将軍】 学校一、整理整頓に厳しい先生のこと。(長崎県・高2・女)
補注 征夷大将軍《せいいたいしょうぐん》から。

せこべん【セコ勉】 授業中に他のことを勉強すること。(大阪府・高1・男) 補注 典型例は、期末試験前の音楽の授業中に英語のテスト勉強をする、文系クラスの生徒が数学の時間に受験用の世界史を勉強する、など。

せっちゃ【窃チャ】 「窃盗チャリ」の略。自転車(＝チャリ)を盗むこと。「俺のチャリ、窃チャされたよ」(山梨県・高1・男／静岡県・高2・女)

ぜんけんいっく【全県一区】 県議会の陰謀。県の全ての場所から、頭の良い生徒を集めるもの。ようするに、頭のよい生徒は上の、頭の悪い生徒は下の高校に行かせ、子供の格付けをする。子供にも親にもストレスを与えるものである。(滋賀県・中3・女) 補注 決して陰謀ばかりではないはず。念のため。

ぜんジャー【全ジャー】 学生が体育や部活の時、特に冬などに、ダサい格好覚悟で寒さ対策の為に上下でジャージを着ること。全身ジャージになること。「今日寒いから全ジャーになろう！」(熊本県・高2・女／岐阜県・高1・女)

せんすいかん【潜水艦】 通知表の評定が1～5で付けられる場合の「1」と「2」のこと。中間の「3」つまり「並」と「波」をかけあわせた表現。潜水艦は波より下を航行することから、「波以下」＝「並以下」の意。「今期はテストの成績が良くなかったので総合評定は潜水艦だ」(熊本県・高1・女)

きたはら　なかなかうまい意味づけですね。おもしろい。成績だけでなく、「あの子のモテぶりは潜水艦だよ」ってのもいいんじゃないですか。しかし、これは落語の駄洒落に近いですね。

方言メモ　岐阜県からの投稿

【げばす】

ぜんチャック【全チャック】 ジャージや上着のチャックを一番上までしめること。「今日寒いから全チャックして来ちゃった」❖全チャック＝ダサい、という意味もある。（神奈川県・中1・女）

ソックタッチ 靴下をとめるための専用ののり。肌に直接つけるものなので百円ショップで安物の類似品を買うのは好ましくない。消耗品なので何度も何度も「貸して」と頼まれると「自分で買えよ」と思う。（静岡県・高1・女）補注ソックタッチは靴下止めの総称ではなく、生活用品メーカー・白元の製品名。

きたはら　辞書としては書きすぎですが、社会文化的解説としてはおもしろいと思います。

ソニック ペン回しのトリックの一つ。中指と薬指にペンを持ち、ペンの外側を回すようにして中指と人さし指をとおす。「あの人のソニックはすごい」（岡山県・高3・男）補注sonic＝音の、音波の、音速の。

そのときのエーくんのきもちをかけ【その時のA君の気持ちを書け】 誰にもわからないこと。どう考えても答えが見つからず、本人しかわからないこと。「その時のA君の気持ちを書けって言われるくらいわからないよ」（長野県・中3・男）補注国語テストの典型的設問。繊細・懐疑的な生徒が「A君の本当の気持ちなんか俺にわかるか！」と開き直りたくなること多し。

だいにボタン【第二ボタン】 あこがれの先輩（男性）が卒業する時、勇気を出して手に入れるもの。心臓（ハート）に一番近いので二番目のボタンという説が有力。❖卒業シーズンによく女子が使う言葉。（岐阜県・中2・女）

たそがれぶ【たそがれ部】 部活動を始めようとする時に、特にやる気もなく、することもなく、ただ風景を眺めてたそがれている部。（愛媛県・高校生・女）

鳥肌。「さぶぼろ出た～」

たっとれい【立っとれい】 「立っ」の命令形。（京都府・中1・男）補注 教室の雰囲気がよく伝わる実体験型の作品。

だらひも ヘルメットのひもをだらっと垂らして、しっかり締めないこと。「だらひもをしたから、自転車通学一日停止になった」（三重県・中3・女）

だんしこうびょう【男子校病】 男子校や、女子の少ない学校では、一般的に普通の女の子でも可愛く見えること。可愛さの基準が下がる。類 高専病・工大病（大阪府・高2・男）

たんパニスト【タンパニスト】 春夏秋冬関係なしで毎日短パンをはいている人。「あいつタンパニストだなぁ」（静岡県・高2・男）

チーロ 「チームローテーション」を省略した言葉。二チーム以上が交代しながら部活動の練習に参加すること。「お前ら余ってるなら、チーロで出ろよ」（埼玉県・中2・男）

ちゃーりー【チャーリー】 ❶自転車をこよなく愛する人のこと。（熊本県・高2・男）❷交通手段が常に自転車である人のこと。補注「チャリダー」という投稿も。

チャイちゃく【チャイ着】 「チャイム着席」の略で、チャイムが鳴る前に席に座ること。学校の規則。各クラスの学級委員や生活委員などが、みんなに「チャイ着だよ～」と呼びかける。類 ベル着（神奈川県・中2・女）

ちゃりけん【チャリ検】 自転車点検のこと。「今日は放課後チャリ検があるからね～」（千葉県・中2・女）

ちゃりごや【チャリ小屋】 「チャリ通（チャリン

方言メモ　岐阜県からの投稿

【さぶぼろ】

コ通学)」の関連用語で、自転車置き場のこと。自転車小屋、チャリンコ小屋ともいう。新潟県では自転車置き場、駐輪場という言葉よりもよく使われる。小屋のように屋根(それも瓦のことも)がついていることが多い。「それじゃあ、チャリ小屋で待ち合わせね」(新潟県・27歳・女)

ちゃりる【チャリる】 ❶自転車に乗ること。自転車で行くこと。❷募金すること(チャリティー)。「チャリりにチャリった(＝募金しに自転車で行った)」(大阪府・高2・男)

きたはら 自転車に関する投稿がたくさんありましたが、これは多くの中学生や高校生にとって「自転車＝チャリンコ」が通学必需品だからでしょう。生活に密着した言葉にはバリエーションも豊富なのです。

ちゃりんぽ【チャリンポ】 自転車で散歩すること。チャリ＋サンポ(散歩)＝チャリンポ。「今からチャリンポしよう」(岐阜県・高3・女)

ちょくさん【直三】 「直角三角形」の略。主に有能な数学教師が好んで使用する。聞き慣れない人には理解しにくい。「この直三の性質を利用して…」(大阪府・高2・男)

ちょくじゅく【直塾】 学校から一度家に帰らずに塾へ直行することを極端に省略した言葉。「昨日は直塾だった」(大阪府・中3・女)

ちんちんべんとう【チンチン弁当】 電子レンジでチンした(温めた)物。いわゆる冷凍食品のみでつくられた弁当。暗に愛情が込められていないことを意味する場合もある。(神奈川県・高2・女)

つばきん 楽器にたまったつばを捨てるぞうきんのこと。「つばきんを利用する」❖吹奏楽部で使う言葉。(鳥取県・高2・女)

部屋などの隅っこ。「そこのこばっちょにたまってるホコリ、キレイに掃除しといて！」

ていきゅうぶ【定休部】 主に庭球部が活動をしていない状態のこと。（愛媛県・高2・男）

デビュー 生活の節目を利用して、外見を大幅に変化させること。地味から派手へ、という傾向が強い。「～デビュー」という形で使うことが多い。「高校デビューして見返してやるわ」（東京都・高1・女）

てんさい【点災】 誰にも言えないような悪い点数をとること。「おまえそんなこと言って点災じゃねーの」❖人のことをバカにする時に使う言葉。（宮城県・中3・男）

でんつう【電通】 電車通学のこと。（群馬県・高2・女）

トイレぐみ【トイレ組】 トイレで話しながら髪を整えている集団。❖学校の休み時間などによくいる。（大阪府・中2・男）

どうぶつがたふでばこ【動物型筆箱】 最近よく見かける動物のぬいぐるみのような筆箱。背中にファスナーがついており、そのファスナーがシッポになっている。❖靴下を筆箱にしている子もいる。（千葉県・高2・女）

ともしょー【友ショー】 友達から紹介された人のこと。（埼玉県・高1・女）

ともだちいじょうこいびとみまん【友達以上恋人未満】 土日に時間をとって遊ぶような仲ではないが、一緒に下校するくらいの異性のこと。「ぼくと君とは友達以上恋人未満だ」（秋田県・中3・男）

ともだちのともだち【友達の友達】 いま話したいうわさ話が誰が話していたのかわからない時、前ふりで用いる言葉。「この話、友達の友達から聞いたんだけどさ…」❖主に都市伝説などを話す前ふり

方言メモ 静岡県からの投稿

【こばっちょ】

に用いる。「誰が話したかわからないが、怖がらせたい」と思う気持ちが生んだ表現。（東京都・高3・男）

ともらち【友拉致】 ヤンキー言葉で、友達という意味。（神奈川県・中3・女）

ドロンする 学校を中抜け、または早退すること。さぼること。（東京都・高2・女）

なかこ【仲子】 「すごいなかよし」という意味で使う。話し言葉ではあまり使われず、プリクラを撮るときに落書きで使ったり、書き言葉でよく使われる。高校生、中学生がよく使う。「うちら仲子」（大阪府・中2・女）

なかぬけ【中抜け】 授業の途中で教室から出て行くこと。「めんどくさくなったから中抜けした」（東京都・高1・女）

なりヤン なりきりヤンキーのこと。ヤンキーぶった人や、なんちゃってヤンキーのこと。「あいつなりヤンぢゃね～!?」「なりヤンのくせにウザくない!?」（福岡県・高3・女）

なんちゃってせいふく【なんちゃって制服】 中学・高校くらいの女子学生が、規定の制服に似せて着る私服。シャツとリボンとプリーツのミニスカートというスタイルが特徴。主に他校の文化祭などで着用。類私服制服（東京都・中2・女）

なんちゃってぼこう【なんちゃって母校】 （受験に合格すれば）本当は行くはずだった学校のこと。（三重県・中2・女）

にけつ【荷けつ】 一人が自転車の運転をし、もう一人が荷台に乗って二人乗りをすること。二人乗りを若者語にしたもの。「警察に荷けつしてるとこ見られた」「学校の帰り道に荷けつしてあげる」（兵庫

サンダル。「このジョンジョンはきやすい」

県・中3・女）補注「ふたつの尻＝二けつ」が語源とも。

にこいち【2コ1】 二人でひとつ。親友、仲の良いなどの意味。一番の友達。「うちらずっと2コ1やんね」（京都府・中3・女）補注 もとは機械（特に中古車）などの修理の際、ふたつの不良個体から部品を組み合わせ、一個体にすることを指す。一般化してテレビ番組名、マンガのタイトル、お笑いのコンビ名などにも。

にじゅういっせいきわく【二十一世紀枠】 ❶高校野球で、地方大会で奮わなかった学校でも他の様々な要素から甲子園での大会に出場できるようにする枠。❷実力はないが、同情から認められること。「A高校は二十一世紀枠で甲子園出場」（大阪府・高2・男）補注 選考条件に関してさまざまな論議はあるが、秋季都道府県大会八強以上でないと選ばれない。

にのきん 「二宮金次郎」の略。「にのきんっていつも勉強しよってえらいよね」（愛媛県・中2・女）

ねぴく【寝ピク】 （授業中などに）寝ている時にピクついてしまうこと。「さっき寝ピクしちゃった」（群馬県・高3・男）

ノーとも【ノー友】 「ノート友達」の略。テスト前になると頻繁に出没する。決まって言うセリフは「ノート貸してくれ！　俺たち友達じゃないか!!」（東京都・18歳・女）

ノーヘル 自転車やバイクに乗っている時、ヘルメットをかぶらないこと。「ノーヘルはしてはいけません」（三重県・中3・女）

のこべん【のこ勉】 放課後、学校に残って勉強すること。「昨日のこ勉させられた」（東京都・18歳・女）

のら【野良】 学校の部活に所属しない帰宅組。（栃木

方言メモ　静岡県からの投稿
【ジョンジョン】

県・46歳・女）

パイアールにじょう【πr^2】 ❶円の面積を求める時に使う。❷友達に謝るとき、何かを頼む時に使う。「ごめんなπr^2」「これをやってくだπr^2」❸覚えれば数学が得意になった気がする言葉。（秋田県・中2・男）

ばきゅ〜ん【バキュ〜ン】 極端に成績が上がること。「入学してからバキュ〜ンと上がった」反えぐれる（大阪府・高1・男）

パゲ page(ページ)をローマ字読みしたもの。書類などの紙の一面、また、その順序を示した数字。「今日の宿題は十七パゲから」❖主に学生の間で使われる。（東京都・中2・女）

ばつこくはく【罰告白】 誰かに強制的に「俺と付き合ってくれ!!」と告白させる罰ゲーム。学生時代のみに許される青い遊びである。「最初は罰告白だったんだ…」❖（罰告白がきっかけで付き合いはじめたカップルが）幸せもつかの間、自業自得と言うべきだろうが罰ゲームだったことを暴露され、二人の間に大きな亀裂が走ってしまうこともある。この後が男としての器を問われる時である。（滋賀県・中1・男）

はにわルック 冬に、女子の中・高生が、寒いためスカートの下にジャージのズボンをはくこと。はにわのように見えることから。「私のこの格好は、はにわルックっていうんだよ」❖「はにわスタイル」とも。（群馬県・中2・女／北海道・高2・男）

ばりキャラ【バリキャラ】 ❶クラスなど集団の中で目立ったり輝いている人。❷人気のある人。「田中君ってバリキャラだよね」反陰キャラ（兵庫県・中2・女）

田んぼがかわく。「ずいぶん雨が降ってないから、田んぼがはしゃいでるね」

はんけつ【半ケツ】 昼食の時、イスが足りない場合に、二人でひとつのイスを使うこと。かなり窮屈だが我慢するしかない。「半ケツしようやー」（大阪府・中3・女）

ビーぐん【B群】 ❶主要なメンバーではない人。❷部活でほとんど補欠の人や、たいした戦力ではない人。「今日からB群だよ」「どうせB群だから大会には出られないさ」（福島県・中2・女）

ピカソがほう【ピカソ画法】 ピカソの描き方をマネすること。美術の苦手な人が言い訳に使う。「絵が下手なんじゃなくてピカソ画法を使ってるだけだ」（大阪府・高1・男）

ピンポンダッシュ 他人の家のピンポンを押してダッシュで逃げること。「近所のガキがピンポンダッシュをした」（福井県・高2・男）

ファイター 冬でも半袖・半ズボンで体育をやる人のこと。（岐阜県・高3・女）

ぶきん【部禁】 部活動禁止。テスト一週間前になると出される。「今日は部禁だから、部活がないんだよね」（福井県・高1・男）

ぶちこむ【ぶち込む】 「代入する」の意。「この公式のxに2をぶち込む」（静岡県・高1・男）

ふっけん 高校で行われる「服装検査」の略。類 いそけん（山口県・高3・女）

ぶのしかく【部の刺客】 入学式に、新入生に対してその部活の勧誘をする人。「新入生を勧誘するために部の刺客を向かわせた」（東京都・高3・男）

フリーバード 高校生活で部活動も終わり、勉強も一段落ついて暇になってしまった人のこと。「今日

方言メモ 静岡県からの投稿
【はしゃぐ】

学校のことば——学生の生態まるわかり

は俺、フリーバードだ」（群馬県・高3・男）

フリエンド【ふりえんど】 フレンド(friend)のスペリングを覚えやすいようにした言い方。（東京都・中2・男）

ヘップ トイレスリッパ。主に学校で履く。「ヘップ折れてまった」（岐阜県・高3・女）補注 かかとのあるビニールサンダル。一般にヘップ(＝ヘップサンダル)とは、ヒールの高いサンダルのこと。オードリー・ヘップバーンが映画の中で履き、日本で大流行した。

ベルさっさ【ベルサッサ】 学校や会社で終業時間になったらすぐに帰宅すること。ベルが鳴ったらサッサと帰ることから。ベルダッシュ、キンコンダッシュとも。「子供が生まれて、先生は毎日ベルサッサしている」（熊本県・高2・女）

ベルちゃく【ベル着】 授業開始のチャイムの前に、自分の座席に座ること。「今月は、ベル着強化月間です」「次の授業A先生だし、ベル着してないとヤバイよ」類 チャイム着席・チャイ着（石川県・31歳・男）

ヘルちゅう【ヘル中】 自転車通学しているヘルメットをかぶった地方の中学生。交通量が多く、地方よりも危険だと思われる東京などでは、なぜか見かけない。「あれってヘル中じゃない!?」（東京都・高3・男／静岡県・中2・女）

ペレはんてい【ペレ判定】 模擬試験での志望校判定がDやEランクであること。受験生が使う。語源は元サッカー選手のペレがEDであることから。（大阪府・高2・男）補注 ペレ氏はED（勃起不全）ではないが、ファイザー社が行ったED啓発キャンペーンでCM出演をしている。

べんぞうさん【勉蔵さん】 ❶浪人生。❷勉強を頑張っている人。主に予備校・塾で使われている言

だらしがない。「これじゃあぶしょったいな」

葉。「希望の大学に受かりたいから勉蔵さんになるぞ」（福岡県・高1・女）補注「キテレツ大百科」（藤子・F・不二雄作のSF漫画）に登場する万年浪人生に由来。

ぼいこぎ 猛スピードで自転車をこぐこと。激チャとも。「マジ今日ぼいこぎして来たしぃ」類もりこぎ（愛媛県・高2・女）

ぼう・あひる・みみ・かかし【棒・あひる・耳・かかし】【棒】通知表の成績の「1」のこと。複数形は「直線」。「今回棒は、一本もなかった」「棒はあったが、直線にはならなかった」【あひる】通知表の「2」のこと。複数形は「あひるの大行進」。「めずらしく、あひるが一羽もいなかった」「今回の成績も、あひるの大行進だった」【耳】通知表の成績の「3」のこと。「数学と英語に耳がついていた」【かかし】通知表の成績の「4」のこと。「前期の成績に比べ、かかしの数が増えた」❖成績をハッキリと言いにくい時に使う。（東京都・中2・女）

ほうちみん【放置民】 学校などで、みんなから放置されている人たちのこと。「今日もうちら放置民やぁ～」（大阪府・高校生・女）補注ベトナム戦争も今は昔…。

ほけんしつとうこう【保健室登校】 学校の保健室に登校して、教室に登校しないこと。何らかの理由で、教室に行きづらい生徒がする。「今日も、彼女は保健室登校だ」（愛媛県・高2・女）

ほじょばん【補助バン】 通学用かばんに入りきらなかった際に使用する、「補助かばん」の略。「補助バンを忘れてるよ」（愛媛県・中2・女）

ほとけ【仏】（主に大学において）緩やかな基準で学生に単位を与える先生。「あの先生、仏だからほとんど勉強しなくても通るよ」反鬼（岐阜県・23歳・男）

マーチ【MARCH】 明治大学、青山学院大学、

方言メモ　静岡県からの投稿

【ぶしょったい】

立教大学、中央大学、法政大学の頭文字を取った言葉。「私はマーチ出身です」(東京都・高1・女) 補注 大学受験に偏差値が用いられ始めた一九六〇年代に「日東駒専」「大東亜帝国」とともに登場した用語である。上智大学を含めたJMARCH(一九七〇年代)、学習院大学を含めたGMARCH(二〇〇五年頃〜)という呼称も。

マニぶ【マニ部】 ジャニーズ、アニメ、駅名など様々なジャンルでマニアックな知識を身に付けた人たちが集まった部活。「今日の五時、マニ部で集まろう」(大分県・高3・女)

ママべん・パパべん【ママ弁・パパ弁】 ママに作ってもらった弁当。あるいはパパに作ってもらった弁当。反 買い弁(茨城県・高校生・女)

むぶ【無部】 部活に入っていない人。「私は無部です」(山形県・高2・女)

メネる 「メネラウスの定理を使う」の意。数学の図形の問題を解く時に、メネラウスの定理を使う際に使用する。「この問題はメネっちゃえば一発で解けちゃいます」「おれはこの問題はメネったよ」「メネるだけじゃこの問題は解くことはできないぞ」(熊本県・高1・男)

もちけん【持ち検】 持ち物検査。学校で先生が生徒を対象に行う。抜き打ちで行う場合が多い。不要物を持っているかどうかチェックするので、運が悪いと携帯電話やマンガなどが没収されてしまう。「今日、持ち検やるって」(静岡県・高2・女)

ももてん【桃点】 限りなく赤点に近い落第ギリギリの点数。「ちょっと、今回のテスト、桃点取っちゃったんだけど」(東京都・中2・女)

きたはら 自分で使うときにはぼかしの効果、相手に対して言うときには思いやりの表現になり、いい言葉ですね。ワインの色を借りて、ロゼ点とか。

✎ みずみずしく、青くてやわらかい。(幼児の透き通るような肌を見て)「みるいネー」

いうのもありそうですね。

もりこぎ　自転車をすごい勢いでこぐこと。朝急いでいる時などにもりもりこぐこと。「今日間に合わないかと思ったけど、頑張ってもりこぎしてきたら間に合った」類ぼいこぎ（愛知県・17歳・女）

やみけい【闇系】　休み時間は常に席に着いていて、あまり言葉を発しないクラスメートのこと。（佐賀県・高3・女）

やみちゃり【闇チャリ】

❶（自転車通学禁止校で）自転車で通学し、学校付近に自転車を放置する行為。また、そのような行為をする人を闇チャリーズという。「今日は遅刻しそうだったので闇チャリをしてきたよ」「君もか。Aくんもしてきたようだよ。二人とも闇チャリーズだね」（大阪府・29歳・女）❷（自転車通学認可校で）学校指定地区じゃない人が自転車をこいで学校に来ること。学校が許可していない自転車。（香川県・高2・女）類暗チャリ

ヤンげ【ヤン毛】　後頭部の髪の毛。ある程度長くなくてはいけない。（三重県・高専3・男）

ヤンご【ヤン語】　暴走族などが使うような、漢字だけで当て字をした文字や文。同じ音でも、使う字は人それぞれである。「愛羅武勇（アイラブユー）」など。（奈良県・中2・女）

ヤンじょ【ヤン女】　「ヤンキー」の女の子バージョン。ちょっとワルな女の子。「金髪でピアスいっぱいしてるなんて、あの子絶対ヤン女だよ」（東京都・高3・女）

ゆりいす　学校などで、いすに座って、いすを斜めにしてゆらしていること。「ゆりいすはやめなさい」

方言メモ✎静岡県からの投稿
【みるい】

「あいつ、ゆりいすしてる」(北海道・中1・女)

よりべん【寄り弁】 「寄り弁当」の略。かばんの中で傾き、中身が寄って箱と中身の間にすき間ができている弁当のこと。作った時の形をしていないこと。「僕の弁当はいつも寄り弁だ」(京都府・中3・女／広島県・中1・男)

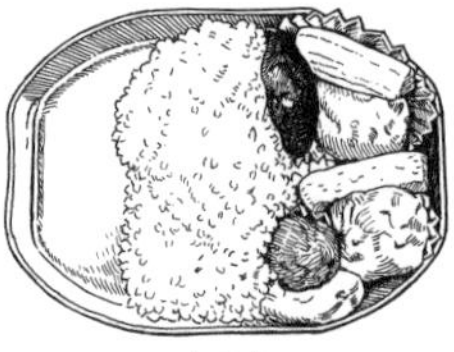
寄り弁

ラブレポ 実験のレポート。「Lab report」の略。バイリンガルコース内の言葉で、主に化学・生物の時に使う。「ケミのラブレポ、月曜日に提出だって」(静岡県・高1・女)

リライト 本来は単に「書き直す」の意味だが、学校では、返却されたテストの答えを書き直し、点数の訂正を求めにいく行為のことをいう。(大阪府・高1・男)

リンボーよけ 足だけ地面について、体はエビぞりになって、ボールなど飛んできた物をよけること。「今回のドッジボール大会は、リンボーよけでなんとか内野に残れた」(東京都・中2・女)

ルックアップ ❶サッカー用語。サッカーボールを蹴る際に、いったん周りを見て確認する際に使用する。「ちゃんとルックアップしてからボールを蹴ろう」❷授業中などに先生に「ルックアップ」と言われたら、上を向いて暗唱する。「ルックアップ！」(群馬県・中2・男)

ロイターばん【ロイター板】 跳び箱に使うジャンプ台。体育の授業や体操クラブで使用する。踏切板。(北海道・高3・女) 補注 金属製のコイル式バネと木製の板バネの2種類が

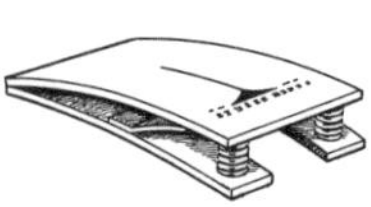
ロイター板

✎ 自転車。「けったで学校へ行った」

【イカキョウ】【イカトウ】

【イカキョウ】
【イカトウ】
メガネ
チェックシャツ・イン
ウエストポーチ
ソックス白
ズボン短め
…のいかにもファッション
【イカマン】
いかにも漫画家
ベレー帽
本当にいるんだなコレが…
スケッチブック
…のいかにもファッション

【浪人回し】

浪人1年め
♪
くるっ くるっ くるっ
浪人2年め
…
ぶん ぶん ぶん
浪人3年め
……
ひゅんひゅんひゅんひゅん
やりすぎるから浪人なのか
浪人だから上達するのか
それは誰にもわからない…
アーレー

方言メモ 愛知県からの投稿

【けった】

ある。ちなみに「ロイター」は開発者の名前。

ろうにんまわし【浪人回し】 勉強中に指で鉛筆を回してリラックスする技術のこと。浪人生の苦労の産物なのだが、実際は現役学生も行っている。「鉛筆だけじゃなく、ものさしでも浪人回しできるんだ」(大阪府・中3・男)

わかりませんげん【ワカリマ宣言】 「カタカナ四文字で、日本が無条件降伏した際の宣言の名前を書け」という問題で、全くわからないとき解答欄に書く言葉(ちなみに答えはポツダム宣言)。(千葉県・中3・男)

わきしゅー【ワキシュー】 制汗剤のこと。「汗かいちゃった。ワキシュー貸して」「ワキシューがなくなった」(北海道・高3・女)

わけね【わけ寝】 ❶宿題が終わらないのに、どうしても眠いので、言い訳を考えながら寝ること。❷親に注意されるとわかっている時、寝たふりをして必死に言い訳を考えること。(茨城県・15歳・男)

わたりどり【渡り鳥】 部活にあまり来ない部員のこと。休んだ日には「飛び立った」「旅立った」と言われる。(長崎県・高2・男)

3

ネット・メールのことば

全部わかるとヤバイかも?

RMT リアルマネートレード。オンラインゲーム上のお金と現実のお金を交換すること。基本的に禁止されている行為。「今、金欠なのでRMTする人募集」(三重県・高専3・男) 補注 RMT行為そのものを規制する法律は二〇〇六年現在存在しないが、不正アクセスや詐欺行為を誘発するなどとして問題となっている。中央政策研究所の水谷氏の調べでは、二〇〇六年二月時点での国内のRMTの市場規模(取引総額)は約一五〇億円、利用者は七万人前後だという。

アイコラ アイドルコラージュ。タレントや女優、女性アナウンサーらの顔写真を、わいせつな体の画像と合成したもの。「ある女性タレントがアイコラ被害にあった」(熊本県・25歳・男)

アイティーゼネコン【ITゼネコン】 大手コンピューター(パソコン)メーカー。仕事をかぎつけるとハード、ソフト、通信設備、電気設備などを一式で構築してくれる。特別なことがない限り、見積もり金額はどの社も横並び。まるで発注者の予算を知っているかのような見積もりが出る場合あり。(宮城県・43歳・男)

アウぞく【アウ族】 vodafone(現ソフトバンク)からauに乗り換えた人のこと。「お前、アウ族になったんか」「アウ族とはメールせんけんの」(広島県・中2・女) 補注 auの読み方は「エーユー」です。若者がこう呼ぶのはわざと。あくまで念のため。

あきゔぁ【アキヴァ】 秋葉系の最高ランク。「なんだこの部屋？ フィギュアばっかじゃねぇか！ ちょ、おまっ…アキヴァじゃね？」(福島県・高3・男)

あきばけい【アキバ系】

東京都千代田区秋葉原《あきはばら》の地名より。秋葉原地区で販売・提供される、特にゲーム、アニメ、マンガ、コスプレ、フィギュアに関連した品物やサービス、

鋭い。尖っている。「この鉛筆、トキントキンに削って!!」

およびそれらを愛好する人々の総称。彼らはマニアックな嗜好《しこう》をもつ特別な存在としてオタク、ネクラと蔑称される傾向があったが、近年、「電車男」が脚光を浴びたことで、彼らのもつ優しさと新規性が注目され、世間一般に受け容れられる存在となりつつある。メイド喫茶やフィギュアなど、彼ら固有の「萌え～」文化は広く認知されるに至っている。類A系・Aガール・Aボーイ（神奈川県・45歳・男ほか）

アクきん【アク禁】「アクセス禁止」の略。掲示板やチャットに悪影響をおよぼす人（＝荒らし）を、その掲示板やチャットにアクセスできなくすること。「あの人は掲示板に暴言を書き込んでいたのでアク禁になったそうだ」（広島県・中1・女）

アドこう【アド交】「メールアドレス交換」の略。メールでの文字数を減らすために使われる略語。「アド交しました」（岐阜県・高1・女）

あほげ【アホ毛】頭の上に立っている、短くてくるくるした毛。普段はあまり気にならないけど、鏡で近くで見てみるとけっこう気になる。「最近、よくアホ毛立つねん」❖一般の人は嫌うが、一部の人々の間では大変好まれる。ゲーム・マンガなどでは喜怒哀楽を表現する。類アンテナ・触角（三重県・高専3・男／兵庫県・高1・女）

アマゾる　大手通販サイトAmazon.comで買い物をすること。Amazonは通常よりも価格が安い場合が多く、インターネット通販利用者の多くがここを利用している。「ちょっとアマゾってみるよ」（静岡県・中3・女）

あらし【荒らし】チャットや掲示板で、他の人が傷つくような暴言を書き込むこと。またはその人。（広島県・中1・女）補注 暴言以外にも、場の目的に合わないメッセージや意味不明の文字列を書き込むなど、場の議論・運営を妨害する行為をいう。

方言メモ　愛知県からの投稿

【トキントキン】

いく【逝く】 ❶2ちゃんねるで「死ぬ」を表す時に使用する語。❷何かが壊れること。「パソコンが逝った」❸猪《ちょ》突《とつ》猛進するさま。「逝ってきます!!」(静岡県・高2・女)

いたち【イタチ】 「板違い」の略。インターネット掲示板に、目的以外のことを書き込みしたことに対していう言葉。(千葉県・中2・女) 補注 要するにネット社会における「場違い」。

いてらー ネット用語で「いってらっしゃい」のこと。オンラインゲームでプレーヤーのコミュニケーションに使われる。「気をつけていてらー」(岐阜県・高1・男)

いれパン【入れパン】 シャツなど上着をズボンの中に入れること。アキバ系オタクの典型的ファッション。同 シャツ・in(埼玉県・中2・女)

うらやま【裏山】 ❶裏にある山のこと。❷「うらやましい」のメールでの表記。「芸能人に会ったの? 裏山ー!」(埼玉県・中3・女)

H/K 「はなしかわって」「はなしかわるけど」の略。手紙の途中で話題を変えたいときに用いる。特に女子中高生の間で使われている。類 S/C(三重県・17歳・女/岡山県・中1・女)

きたはら 頭文字をとって略語を作ることは珍しいことではありません。「日本放送協会」を「NHK」と表すのもそうですね。また、手紙文には「不一」とか「二伸」「追伸」のように形式化した漢語が多く、それらはほとんど記号のような使われ方をしています。このような短縮、記号化という点から見ますと、「H/K」の発案には感心します。漢語にせずにローマ字方式をとったのは、英語の「p.s.」への連想があったからかもしれません。いかにも若者らしい発想ですね。

運ぶ。「ちょっと掃除するから机うしろにつっといて」

AA パソコンの文字や記号を使って作った絵。「アスキーアート」の略。（兵庫県・高2・女）補注 アスキー(ASCII = American Standard Code for Information Interchange)とは、七桁二進数のコードにアルファベットの大小文字、数字、英文でよく使われる記号等を割り当てた文字コード。このコードに含まれる文字・記号で描かれたアートをアスキーアートという。

AFK 「Away From Keyboard」の略。インターネット上でのチャットなどで、一時的にパソコンから離れること。「飯AFK（＝食事のためパソコンから離れます）」「ちょっとAFK」（神奈川県・16歳・男）

エーガール【Aガール】 アキバ系の女の子のこと。（千葉県・高2・女）

エーボーイ【Aボーイ】 アキバ系ファッションをしている男子。リュックサックを背負い、シャツはズボンに入れ、紙袋を常に持ち歩いている。（大阪府・高1・男）

S/C 「ストーリーチェンジ」の略。話をかえること。❖主に書き言葉として用いられる。類 H/K（栃木県・中3・女／埼玉県・中3・女）

ML 「Mens Love」の略。主に成人以上の男性同士の恋愛を描いた創作物（漫画や小説など）、また、そのジャンル。類 BL（Boys Love）は少年同士の恋愛を指す。女性同士の場合はGL（Girls Love）と表記する。（静岡県・中3・女）

OTL ❶ネットやメールなどで、がっくりした、ひどく悲しい等を示す絵文字。顔がO、体がT、足がL。❷おたくの人が、ひどく悲しい（くやしい）時に使うポーズ。「うわぁー、あのおたく、OTLやってるよぉー」類 orz（静岡県・中2・女）

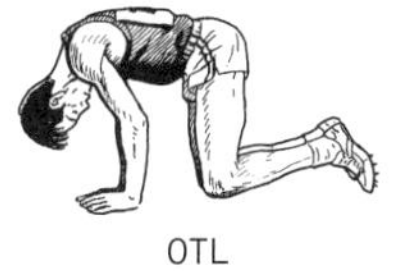

OTL

方言メモ 愛知県からの投稿

【つる】

オケイ【おけい】「ＯＫ」の省略形。「よろしい」「承知した」という意味を表す。オーライ。「おけい、ひきうけた」(愛知県・中１・女)

おたケーション【オタケーション】オタクの人同士のコミュニケーション。オタクの人がたわむれている様子。「オタケーション is important」(福島県・中２・女)

おたく【オタク】

❶一種類のことについて、異常に詳しい人。「あいつ、オタクじゃない？」❷特定の趣味にのめり込んでいる人。「ゲームオタク」「あの人、見たからにおたくだよねぇー」❖たとえば以下の特徴がある。バンダナ・リュックサック・キャラクターの手さげ袋・ジーパン・ポロシャツ・猫背・メイド喫茶に通う・時にヒーローの衣装などを着る。❖表記は「オタク」「おたく」。より強度なオタクを表すものとして「ヲタク」がある。略称「オタ」。(静岡県・中２・女／東京都・高１・男／大阪府・中１・女)補注アニメ・漫画の愛好者が二人称として「おたく」を用いることから、一九八三年にコラムニスト中森明夫氏が作った造語。

おたトーク【オタトーク】アニメやゲームの話をより詳しくマニアックに話すこと。「昨日の電話でかなりオタトークしたよね！」(千葉県・高２・女)

おちる❶落下ではなく、「降りる」という意味。仲間や集団から外れること。「今回はおちる」❷インターネットやチャットサイトからログアウトすること。主にチャット等から引き上げる時に使用する。「一旦おちるね」(東京都・高３・男)

きたはら ちなみに、東北地方の多くの県でも、「落ちる」は「降りる」の意味で用いられ、「オチル(＝降りる)人がシンデ(＝済んで)からお乗りください」などと言うということです。

すごい。「でら、えらい」(すごく疲れた)

ネット・メールのことば—全部わかるとヤバイかも？

おつ【乙】「おつかれ」の略である「おつ」がさらに変換されて「乙」になったもの。「お疲れ様」「ありがとう」の意。「乙カレー」とも。「新しい情報、乙」❖インターネット、主に2ちゃんねるでよく使われるが、公共の場で言っても特に問題はない。(神奈川県・18歳・男)

オフとも【OFF友】 インターネット上以外での友達のこと。「私のホームページにはOFF友は歓迎できない」反ON友(三重県・中1・女)

オフる ❶オフ(off=電源を切る)を動詞化した言葉。「今、携帯をオフった」「CDコンポをオフる」❷チャット仲間に会う「オフ会」から、チャット仲間と会うこと。「今日あいつとオフったよ」(大阪府・高2・男)補注「オフ会」とは、チャット仲間だけでなく、広くインターネット上で知り合った者同士の会合をいう。

おやとも【親トモ】 親指だけの友達。携帯電話のメル友のことを指す。「この子とはずっと親トモで」「親トモつながりで知り合った」(神奈川県・高1・女)

オンとも【ON友】 インターネット上の友達のこと。「つい最近、顔も分からないがON友ができた」反OFF友(三重県・中1・女)

かおもじ【顔文字】 Eメールなどで記号や文字を使って人間の表情をつくり、感情を伝えやすくするもの。(^_^)や(T_T)など。(東京都・高1・女)

ガのた【ガノタ】 「ガンダムオタク」の略。アニメ「ガンダム」にはまっている人の総称。おもに2ちゃんねるなどで使われている。「お前の弟、ガノタはいってね?」(埼玉県・中3・男)

カメこ【カメコ】 カメラこぞう。秋葉原によくいる、レイヤー(コスプレイヤー)の写真を撮っている人。(東京都・高3・男)

方言メモ　愛知県からの投稿

【でら】

かめる【亀る】（主にネットで）返事が遅くなる。「食事に出ていて亀った」「微亀（＝少し遅れた）」「亀許してね（＝返事遅れたけど許してね）」（三重県・高2・女）

かめレス【亀レス】 ❶カメみたいに遅いレス（返事・メールの返信）のこと。❷手紙を出す（書く）のが遅いこと。年賀状などについても使用可能。（山形県・中3・男）

かもす【醸す】 オタク用語で、個性を出すこと。「この模型いい感じに醸してるね」「オタク臭《しゅう》醸してるね」（東京都・35歳・男）

からむ【絡む】 連絡をとる。インターネットの掲示板上などで使う言葉。「絡んでください」（静岡県・中3・男）

からメ 「空メール」の略。内容を書かないメール。「携帯買ったから、からメ送っといてー」（栃木県・中3・女）補注 メールアドレスを新規取得・変更した時に、登録する・してもらうために送る。

かわゆす【カワユス】 しょこたん語で「かわいい」の意。「ギザカワユス（＝非常にかわいい）」（北海道・中3・女）補注「しょこたん語」とは、アイドル・マルチタレントしょこたんこと中川翔子が、自身のブログ・出演番組等で発する独特な言葉。

かんプリート【カンプリート】「完全コンプリート」の略。カードゲームのカードを全種類集めたり、ゲーム内のCGをすべて集めたりした場合によく用いられる。「やっとカンプリートしたよ」（東京都・23歳・男）

きばお【キバ男】 秋葉原にいる男。「あいつキバ男じゃ〜ん!!」（東京都・中1・女）

✎ つぶれて死んだ虫から出る液体。「カメムシからビータンでとる」

きばカジ【キバカジ】「秋葉系カジュアル」の略。「キバカジは卒業しろ」(三重県・中1・女)

ぎょふる【漁夫る】 オンラインゲームで、他の人が戦っている敵を横取りして倒した時、または、された時に使う。「漁夫っちゃってごめん」「漁夫るな」(三重県・高1・男)

きりばん【キリバン・キリ番】 ホームページの来訪者カウントで100や500などのきりのいい番号。「キリバンゲットしました」(山形県・高2・女) 補注 キリバンの際にはカウンターが特別なものに変わったり、キリバン獲得者にイベントを用意したりと、サイトの活性化に使われる例もある。

クーでれ【クーデレ】 普段はクールだが二人になると急にデレデレになる彼女のこと。クールな時には厳しいが二人になった時の親密さとのギャップで男を釘付けにする。現在希少種。類 ツンデレ(三重県・高1・男)

きたはら 「ツンデレ」(後掲)の類ですね。昔はデレデレするのは男だと決まっていたものですが、最近は女性もデレデレするのでしょうか。

ググる 検索サイト「Google」で検索すること。「それくらいググれ」(富山県・高3・男) 補注 英語圏でも「google」が動詞として使用される例が見られる。

グッジョブ ❶Good job. とてもよい。❷「萌えー」を超えた時に使う。「あのメイドさん、グッジョブなんですけどぉ↑↑」(静岡県・中2・女)

くわしく【kwsk】 詳細を知りたい時に使う言葉。「詳しくお願いします」の「詳しく」が、kuwasi-ku→kwskとなったもの。「その件についてもう少しkwsk」(静岡県・高3・男)

けいたッキー【ケイタッキー】 携帯電話に依

方言メモ　三重県からの投稿

【ビータン】

存している人々を指す言葉。「最近、ケイタッキーが増えている」(京都府・中1・男)

けいトレ【携トレ】 携帯電話で株取引を行うこと。デイトレードから派生してできた言葉。主に、二十代、三十代の親元同居人が気軽にボーナスを投入し、仕事中もお構いなしに株の売買を行う。携トレする人を「携トレーダー」と呼ぶ。通常、本業を持っている。「昨日、携トレで十万儲けたよ」(東京都・36歳・男)

けーばん【ケー番】 携帯電話の番号のこと。「ケー番教えて」(大阪府・高1・男)

けんがい【圏外】 ❶携帯電話やPHSの電波が届かない状態。「私の携帯電話、電波なくて圏外だから使えない」❷趣味や好みが許容範囲外であること。「山田君は性格良いけど、あの顔じゃあ圏外だわ」(神奈川県・高3・女/東京都・30歳・女)

こうぎょうけい【工業系】 機械などに詳しい、マニアックな人のこと。(福井県・高1・男)

こてハン【コテハン】 ウェブ上で名乗る名前のこと。「固定ハンドルネーム」の略。2ちゃんねる等の匿名掲示板で使うと嫌われる。「このコテハン何考えてるかわからない」反ステハン(大阪府・高2・男)

こんにちは・こんばんは【今日和・今晩和】 「こんにちは」「こんばんは」に漢字をあてはめたもの。メールでの挨拶などでよく使用される。メールの題名や本文などに「今日和」「今晩和」と入力したりする。(宮城県・高2・女)

こんばちわ 「こんにちは」と「こんばんわ」が合体してできたもの。❖メールなどの文頭で使う。どんな

✎トイレ。「もう我慢できひん、せんち行ってくるわ」

時間でも通じる便利な言葉。(滋賀県・中3・女)［補注］正しくは「こんばんは」なので「こんばちは」となるが、ネット上の用例では「わ」が多い。ジャニーズの山Pこと山下智久が、自身の携帯サイト上の日記でこの表記を用いているのも一因か。

さっしょうりょく【殺傷力】 ❶(武器・薬などが生き物を)殺す・傷つけるために必要な力量。❷「萌え」を数値化したもの。多ければ多いほど、萌えたということになる。アキバ系用語。(群馬県・高3・男)

さばかん【鯖缶】 サーバーキャンセル。インターネットを使用している時にパソコンなどの不具合でアクセスを切られること。「鯖缶くらったー」(東京都・高3・男)［補注］サーバー管理者(管理人)を指して使われることもあり、この場合「鯖管」とも表記する。サーバーを「鯖」と表記する例はネットに多い。

サブアド 信用できない人とメールする時に使う、サブのアドレス。(熊本県・高1・女)

シャツイン【シャツ・in】 シャツをズボンの中に入れること。「あの人、シャツ・inしてる!!」［同］入れパン(滋賀県・中3・女)［補注］「現代的なラフおしゃれ感の欠如」こそがオタク系ファッションの王道!

じゃりかつよう【ジャリ活用】 男子がメールで、女子がよく用いるような顔文字をたくさん使うこと。「あいつのメールはジャリ活用で嫌だ」(山梨県・高2・女)

じゅんおた【準オタ】 ❶オタクと普通の人の間くらいの人。❷オタクになりかけている人。「あの人はアニメの準オタらしい」(埼玉県・中2・男)

す【ス】

単語の語尾に「ス」を付けることによって、より強い表現となる。「ワロス(=この上なく笑える)」「キモス(=この上なく

方言メモ　滋賀県からの投稿

【せんち】

気持ち悪い)」「サムス(=この上なく寒い)」(大阪府・高3・女)

すてハン【ステハン】 ウェブ上で名乗る名前で「捨てハンドルネーム」の略。主に掲示板を荒らす時に使われる、その場かぎりの偽名のようなもの。「ステハンだから相手にしてもしょうがない」反 コテハン(大阪府・高2・男)補注 正確には、ウェブ上で名乗る名前のことを「ハンドルネーム」といい、荒らしの時などに一時的に使うハンドルネームを「ステハン」「捨てハンドルネーム」と呼ぶ。

スレ 「スレッド」の略。何かのお題・話題などを出すこと。「新しいスレ立てましたぁ～」(広島県・高2・男)補注 thread＝糸(特に縫い糸)、糸のように細いもの、筋道、脈絡などの意。転じて電子掲示板やメーリングリストでの、特定の話題についての投稿の集まり。新しいスレッドを開始することを「スレッドを立てる」という。

ぜっしますよ【絶しますよ】 想像以上のことが起こった時の表現。「ホントに絶しますよ」(山形県・高2・男)

ぜったいりょういき【絶対領域】 靴下とスカートの間の、ちょっと見える肌の部分。ことに、メイドなどの、ガーターからスカート(もしくは下着)の間の、露出している肌のこと。おたくが「萌え～♥」を感じる部分。「あのメイドさんの絶対領域に萌えー」❖「ちょっと」でないと絶対領域ではない。(静岡県・中2・女／愛知県・高2・女)

絶対領域

ぞくせい【属性】 (「～属性」の形で)自分が好きなタイプ。「僕は眼鏡属性です(=僕は眼鏡をかけている人が好きです)」(三重県・高専3・男)

✎ 正直言って。実際。「しょうみ、あと三日しかない」

チート【升】「升」と表記して、チート。いわゆるコンピューターゲームのプログラムを手動、または外部ツールなどを使用し、不正に書きかえる行為を指す。多くのゲームで禁止行為であり、内容によっては罪に問われることもある。主にネットゲームや家庭用ゲームで使われる。(東京都・高3・男) 補注 cheat＝だます・不正をするの意。

チエンメ「チェーンメール」の略。サーバーをパンクさせるための悪質なメールのこと。「私にチェンメが届いた」(大阪府・中3・男) 補注 転送を重ねて増殖させることを目的とした電子メール。受け取った人が転送を促す文言が含まれる。いたずらや嫌がらせがほとんどで、受け取ったら止めるのがマナー。

チヤかれ【チャカレ】 実際の恋人ではなく、インターネットのチャット上のみの恋人(彼氏・彼女)のこと。(北海道・中3・女)

ちゃくしんなし【着信ナシ】 ❶ずっと着信がないケータイのこと。別にマナーモードにしている訳ではない。映画「着信アリ」よりもある意味怖い。❷私のケータイ(笑)。(山口県・高2・女)

ちゃっきょ【着拒】

「着信拒否」の略。単純に着信を拒否するという意味でも使われるが、自分の本能的に寄せつけない相手のことを示して使うこともある。「あの人、どう考えても着拒だわ」(北海道・高2・女)

きたはら 四字熟語を二字漢語に縮約するという伝統的な略語の作り方は、今後も続くと思います。「就職活動」を「就活」というのも同じですね。

つんでれ【ツンデレ】 ❶普段は無関心を装う、嫌悪感を示す等の突き放した態度を取っている(ツンツン)が、二人きりになると素直で親密な態度を取る(デレデレ)、というように、公の場と個人的な場

方言メモ 京都府からの投稿
【しょうみ】

における振る舞いのギャップ、または状態変化。❷①のような態度を取る女性の通称。アニメやマンガでは黒髪および金髪の女性キャラクターの比率が高い。類クーデレ（山形県・高2・男）

DD「誰でも大好き(Daredemo Daisuki)」の略。特定の好きな女の子がいない秋葉系の人からよく聞かれる言葉。「特に誰が好きですか?」「まぁDDですね」（福岡県・19歳・女）

デコでん【デコデン】「デコ」はデコレーション、「デン」は携帯電話を指す。シールやラインストーンなどでデコレーションした携帯電話。「私デコデンしたいなぁ」（京都府・中3・女）

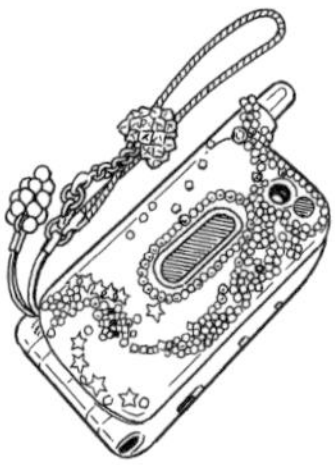
デコデン

デジタルよい【デジタル酔い】電子機器に慣れていない者、または苦手な者が、パソコンや携帯電話に触れて起こす拒否反応。重度になると、デジタル用語（IT、CPU、ブラウザ、インターネット等）を聞くだけで起こる。「デジタル酔い患者の来院はご遠慮下さい」（大阪府・高2・男）

とけつ【吐血】❶口から血を吐くこと。❷萌えが自分の最上級レベルに達した時に使う言葉、またはリアクション。（群馬県・高3・男）

きたはら　「ゲロ」や「吐血」といった強烈な言葉を軽く口にできるのは、現実をふまえず、バーチャルに捉えているからではないでしょうか。あるいは強烈な言い方を求めているのでしょうか。すごいですね。

なかのけい【ナカノ系】秋葉原（またはアキバ系）から抜け出し、中野に進出した人たち。主に、電子機器や、アニメがとてつもなく好きな人を示す。「俺等は、アキバ系ではなく、ナカノ系だ」「最近、ナ

✎地面がじゅくじゅくしている。ぬかるんでいる。「きのうは雨がふったからじゅるい」

【アキバ系】

アキバ系
萌え～～
アキ婆系
くるっ
モヘーッ

【チャカレ】

最近パソコンでチャットしてるの
チヨさんはハイカラじゃのう
ほほう
16歳の女子高生って言ったら「チャカレ」がバンバンできちゃった♡
ホントは86歳だけどっ
チヨさんは悪い女じゃのう
ほほう
安心して源さんはリアル「茶カレ」だから
チヨさんは魔性の女じゃのう…

方言メモ 兵庫県からの投稿

【じゅるい】

カノ系が増えているらしい…」(東京都・中3・女)
補注「パソコン・ネットのアキバ系」に対し、「マンガ・アニメ・レトロ・サブカルのナカノ系」という印象があるが、定義は一定していない。

なかのひと【中の人】 ❶アニメやゲームで、ある役柄を担当する声優。「あの教師役の中の人ってだれだっけ?」❷番組や商品の制作スタッフ。❸ウェブサイトの管理人。(広島県・中3・男)

なつゲー【ナツゲー】 なつかしいゲームのこと。「一九九〇年のナツゲー」(東京都・中3・女)

にちゃんねる【2ちゃんねる】 管理人・ひろゆき氏が個人で運営する、インターネットの人気巨大掲示板群。一九九九年開設。世の中のほぼありとあらゆる事象についての掲示板があり、誰でも自由に閲覧・書き込みができる。その規制の緩さと匿名性ゆえ、時には世間を騒がせる書き込み(例えば誘拐予告や試験問題の漏《ろう》洩《えい》など)がなされることもあり、近年では2ちゃんねる発のニュースも珍しくない。「あの店の接客態度の悪さは、2ちゃんねるで一気に広まった」❖略して「2ちゃん」とも。2ちゃんねるに頻繁に閲覧・書き込みする人を「2ちゃんねらー」あるいは「ちゃねらー」という。「お前そんなイタいことばかりしていると、2ちゃんで叩かれるぞ」(山形県・26歳・男)

にほばけい【ニホバ系】 日本橋にはびこるオタクのこと。「ニッポンバシ系」の略。「高山君はニホバ系だ」(大阪府・高2・男)補注日本橋は「東のアキバ、西のポンバシ」と、東京の秋葉原と並び称される大阪市浪速区の電気街(でんでんタウン)。東京の日本橋(にほんばし)と違い、「にっぽんばし」と読むことに注意。「ニホバ系」の他に、「ポンバシ系」「ニチバ系」「ポンバ系」とも。

心配いらない。「この野菜、べっちょないけ?」

ネかま【ネカマ】 インターネット上で、自分の性別を偽って掲示板に書き込んだり、メールを送信する行為、またはその人。匿名性の高いネット上では有効だと思われるが案外ばれやすい。異性の言葉遣いを自然に真似る技術が必要。「ネカマなんだろ?」(大阪府・高2・男) 補注 「ネットおかま」の略。ネット上で男性が女性になりすますこと。

ねこみみ【ネコミミ】 人間の頭に猫の耳が生えたキャラクター。主にアニメが好きな人たちの間で使う。「このキャラクター、ネコミミでカワイイ」(北海道・中3・男)

ネコミミ

ネットべんけい【ネット弁慶】 インターネット上では強い態度をとっているが、現実世界では控えめであること。(大阪府・高2・男)

ネラー サイト「2ちゃんねる」を愛用している人のこと。「2ちゃんねら～」の略。「私の家にはネラーがいる」(東京都・高1・男)

パケし【パケ死】 携帯電話のパケット料金があまりにも高額なこと。また、それにより携帯電話代を払えなくなること。「アイツは今月パケ死で携帯電話を解約させられたそうだ」(大阪府・高1・男)

ビームサーベル ❶アニメ「ガンダム」で使われる格闘兵器。❷秋葉原にいるオタクの人がリュックに差している、丸めたポスターのこと。

ビームサーベル

方言メモ 兵庫県からの投稿

【べっちょない】

名前の由来は「ガンダム」のビームサーベルの差し方と同じだから。(東京都・高1・男)

ひっかかる　携帯電話のEメールが何らかの事情によりメールセンターで一時保管され、送信相手に届かないこと。「ひっかかってて返信が遅れた」(秋田県・19歳・女)

ひっさー【13】　何か悲惨なことがあった時に使う言葉。「テストかなり13なんだけど」❖メールなどで使う。(奈良県・高2・女)

フィス　(形容詞の語尾に付いて)語感をやわらかくする助詞。「ウザフィス」「寒フィス」「うれピーフィス」(神奈川県・高2・女)

きたはら　どんな場面で、どんな語調で使うのかわからないので、確かなことは言えませんが、「ウザイです」「寒いです」をやわらかく、やさしく言おうとしているのではないでしょうか。パソコンのキーでDを打とうとして隣のFを打ってしまったことが始まりだという説もありますが、そうだとしても、それはきっかけで、「〜フィス」にやわらかい感じがあり、広まったのでしょう。

ふじょし【腐女子】　ボーイズラブ(男の同性愛)を中心に妄想をする女子のこと。オタクと呼ばれる人たちの一種。マンガ、アニメ、ゲームなどで妄想する達人。❖男子の場合は「腐男子」。(熊本県・高2・女)

ぶちる【ブチる】　❶Eメールで返事を返さないこと。「昨日友人からメールがきたが、面倒だったのでブチった」(大阪府・高2・男)❷メールをしていて、返事が送れなくなること。「昨日ブチってごめん」❖メールの途中で寝てしまった時や、ケータイがなくなって返事を送れない時に使う。(大阪府・中3・女)

フラグ　コンピューターゲームなどで用いられるシナリオ分岐を制御するための情報。選択肢Aを選択

自転車。「じてこで転《こ》けてしもたぁ」

したか、特定のイベントを通過しているかなどの小さなフラグの掛けあわせによってゲーム上の分岐結果として表面化することになる。「ここでフラグを立てないとバッドエンドになる」❖コンピューター用語の「フラグ処理」から。派**死亡フラグ**＝死ぬことへの伏線。ゲームやドラマなどのセリフで「ここは俺が止めてみせるから先に行け」「この戦争が終わったら結婚してくれ」など。(東京都・高3・男)

フラゲ 「フライングゲット」の略。CDやDVDが発売前日に売られている店に、熱狂的なファンが買いに行くこと。(大阪府・高1・男／栃木県・中3・女)

へんち【返遅】 「返事遅れた」の略。メールの文字数が減って便利。「ゴメン返遅」(北海道・中3・女)

へんふ【返不】 メールのやりとりで返事を返さなくても良い場合に使う。また、忙しい時などにも使える。「不返《ふへん》」ともいう。(千葉県・中2・女)

ぽ インターネットの掲示板等で見られる接尾語。「〜っぽい」の略。「もうダメぽ」「ムリぽ」(大阪府・高2・男)

ほごる【保護る】 何度読み返しても嬉しいメールを、消えてしまわないよう保護すること。「誕生日に友達から送られてきたメールを保護った」(長野県・高2・女)

マストメール 必要最低限の連絡メール。メル友がいなくてもこのメールくらいなら大抵の人には来る。「うちの父にはマストメールしか来ない」「君にメールが来るなんて…!! どうせマストメール!?」(熊本県・高1・女)補注メル友からのメールとは一線を画す、やや事務的な内容のメール。飲み会の集合場所の変更など。

マルチ 「マルチポスト」の略。コピー&ペースト等で同じ文章を複数の掲示板に書き込むこと。マナー違

方言メモ 和歌山県からの投稿

【じてこ】

反とされる。「マルチは来るな」(埼玉県・高2・男)

メイドカフェ ヲタクを迎えいれる喫茶店。店員がメイドの格好をしていて、「お帰りなさいませ、ご主人様」などと接客し、ヲタクが萌える。「秋葉原のメイドカフェ行こうよ」(大阪府・中1・女)

もえしぬ【萌え死ぬ】 萌えっ子たちが萌えパワーをMAXに発揮したとき、萌え好きの人たちがなってしまう症状。(東京都・高3・男)

もえる【萌える】 アニメのキャラクターや、幼女・美少女などに対して、燃えるような「好き」に近い感情を抱くこと。その対象は「アホ毛」「ネコ耳」などの外見的な特徴以外に、「ツンデレ」「天然ボケ」といった性格や仕草などさまざまである。「かわいい」や「いとおしい」とはニュアンスが少し違う。反萎《な》える(大阪府・高校生・男)

もえント【萌えント】 「萌えポイント」の略。秋葉系の人が「かわいい」と思うポイント。「萌えント高い」(新潟県・中2・女)

もちつけ 「おちつけ」の意。主に2ちゃんねるで使われている。公共の場では使用しない方が良い。(静岡県・高2・男)

やおい 男性同士の恋愛を描いた小説・マンガを指す。性的シーンが多いため、作者たちが自虐的に「やまなし・おちなし・いみなし」の意を込めて「やおい」と呼んだことから。ボーイズラブ(BL)とも。(福岡県・23歳・女)

ゆり【百合】 女と女の恋。レズ。主にオタクと呼ばれる人達で使われる言葉。類ボーイズラブ(熊本県・高2・女)

よるアニ【夜アニ】 深夜帯に放送しているアニ

あざができる。「階段ですべって足にえてもた」

メ。「そろそろ夜アニがはじまる時間だ」（三重県・高専3・男）

ラグい コンピュータの読み込みが遅いこと。「このコンピューターはとてもラグい」（和歌山県・中3・男）補注 lag（遅れる・遅延）に由来か。特にオンラインゲームで、回線混雑やサーバー負荷により、動きがおかしくなる状況などを指して「ラグ」「ラグい」「ラグる」などと使う。

ラスボス ❶TVゲームなどで一番最後に出てくる敵。ラストボス。「このゲームのラスボスは誰？」「ラスボス強かった？」「ラスボスに勝った」（香川県・高3・男）❷最後の難関。「あの先生はラスボスだ」「ラスボスがなかなか受理してくれない」（静岡県・高専3・女）補注 と言いながらも、実は最後のボスではないことがよくある。

ラフー 「ラブ」とインターネットサイト「Yahoo!」（＝検索）をかけて、恋人募集中のこと。「今、ラフーなんだ」（埼玉県・高3・女）

リアとも【リア友】 ネット上での顔を知らない友達をネトモ（＝ネットの友達）というのに対し、実際に普段会っている友達（本当の友達＝リアルの友達＝リア友）のこと。「私のリア友を紹介します」（岡山県・中3・女）

レイヤー 「コスプレイヤー」の略。アニメやゲームのキャラの服装をしている人たちのこと。（愛知県・18歳・女）

レゲー 「レトロゲーム」の略。主に一九七〇〜八〇年代に発売されたテレビゲームを指す。同音語に「レゲエ」があるが、そちらはラテン音楽のことである。「最近はレゲーにはまってるのさ」（静岡県・高1・男）

方言メモ 和歌山県からの投稿

【にえる】

わら【w】「ワラ」とも書く。「笑い」の意。ローマ字のwaraiの頭文字をとって「w」で表現されるようになった。「これおもしろいw」❖多用すると、頭が悪いと思われる場合がある。（三重県・高専3・男）補注 基本的に横書き用の表現。縦書きだと微妙にニュアンスが伝わらない。

ワンコ「one call」の略。電話の呼び出し音を一回または数回鳴らして、接続せずに切ること。あらかじめ電話をかける側と受ける側で取り決めたルールや合図として使う。類 ワン切り（大阪府・高2・男）

4

業界・専門用語

内緒話に使ってください

アウトバウンド《テレアポ》コールセンター用語で、電話をかけること。逆に、電話を受けることはインバウンド。「今日のアウトバウンド件数は八〇です」（大阪府・24歳・女）

アシメ《理美容》左右対称ではないこと。「髪をアシメにする」❖主に髪を切る際、美容師や若い人の間でよく使われる。（熊本県・高1・女）補注 asymmetry（＝アシンメトリー）に由来。

あっぱっぱー【アッパッパー】《建設》間仕切りを作るボード職人が貼るボードの裏側に、何も支え（軽鉄スタッドなどの間仕切り柱）がない状態。❖転じて「宙ぶらりん」の意味。（東京都・39歳・男）

アップする《スポーツ》すぐに行動できるように準備すること。❖スポーツの試合でよく使われる。（東京都・高1・男）

あにき【アニキ】《プロ野球》❶尊敬できる友人の中でリーダー的な存在。または、信頼関係が厚い人を血縁の有無や年齢に関係なくこう呼ぶ。❷阪神タイガースの金本知憲《かねもとともあき》選手のこと。「アニキ、ここで一発お願いします」❖阪神ファンがよく使う表現。（京都府・中3・男）

アベる《サラリーマン》勤務はしているが、仕事がなくて暇であること。英語の available が語源。「あいつ、最近ずっとアベってるらしい」（東京都・35歳・男）補注 available が俗語で「失業中」を意味することから。

アンプラグド《音楽》演奏する際に、エレキギター、キーボードなどアンプを通して音を出す楽器を使用しないこと。またその演奏。「アンプラグドで演奏する」「アンプラグドのアルバムを出す」（岐阜県・高1・男）

✎お金。「いざという時に備えてぼっきんこを貯めておく」

いってこい《ビジネス》❶最終的に物事がプラスマイナスゼロで、はじめと何ら変わらなかった時に用いる表現。❷賭け事の損得やビジネスの収支、投資のリターンがトントンである時に用いる表現。「宝くじ三千円買って、三千円当たったよ」「まさしく、いってこいだね」（神奈川県・45歳・男）

いなずま【稲妻】《野球》❶野球選手で盗塁するのがうまい選手。「彼は青い稲妻と呼ばれた人だ」❷走るのが非常に速い人のこと。（大阪府・中2・男）
補注 一九八〇年代、プロ野球で活躍したジャイアンツの松本匡《ただ》史選手が「青い稲妻」の愛称で呼ばれた例が有名。

いまいま《ビジネス》直近。ビジネスの場で、慣用的に使われる。「いまいまでは、その対策がベストでしょう」（東京都・34歳・男）

うえが【上が】《ビジネス》会社などの組織における上司・上層部のこと。不平・不満をもらす際や、本意ではないことをした時の責任逃れなどに使う。「うちの会社は上が馬鹿だから…」「上がやれと言うから、仕方なくやった」（愛知県・33歳・男）

うちゅうかいはつ【宇宙開発】《サッカー》サッカーにおいて、ゴールのはるか上方へと打ち上げてしまったミスシュートのこと。❖ちなみに、シュートが下手なチームを「宇宙開発事業団」という。（千葉県・26歳・男）

うらメニュー【裏メニュー】

《飲食》得意客だけにしか出さないとされる料理が載っている献立表、また、その料理のこと。供される得意客は優越感を込めて、そうでない客は羨望《せんぼう》と願望を込めて使うことが多い。「あの店何度も通ってんだけど、まだ裏メニュー出してくれないんだよなあ」（千葉県・45歳・男）

方言メモ 和歌山県からの投稿
【ぼっきんこ】

【上が】

前後不覚まんが
責任の所在
お好きなところから
ご自由にお読みください
しれっ
オレはトナリの
課に承認もらえ
っつったんだよ？
うちの会社は
上のほうが
バカだから…
ハ
なにーーっ
オレは
聞いてねーぞー
いやー
最近の新人が
ナナメ下を行く
天然でねーー
上がやれっていうから
しかたなく…
ねー

大きな。「がいなスイカが取れた」

【裏メニュー】①

お客さん お客さん
なに?
ここだけの話
メニューにのってない料理があって
いいねー♡ 裏メニューってやつ?
ちょっと手間はかかっちゃうんですが
じゃ その裏メニューひとつ
いーよ
じゃあ まず服をぬいでこの塩を全身にすりこんで…
アレ?
ひょっとしてコレ 注文の多い料理…

【裏メニュー】②

お客さん お客さん
なに?
ここだけの話
メニューにのってない料理があって
いいねー♡ 裏メニューってやつ?
失恋時につめこむ飯
1200円
涙を忘れるカクテル
1500
マスターお
40代以上限定メニューか…
アレ?
なんでわかったんです?
しかも高い…

方言メモ 鳥取県からの投稿

【がいな】

うれしょん【うれション】《ペット》犬がうれしくてオシッコをもらしてしまうこと。特に、子犬に多い。「シロが絨《じゅう》毯《たん》に、うれションしちゃったよ」(東京都・31歳・男)

エアる《バスケット》「エアーボール」の略。バスケットボールで、リングのどこにも触れずにシュートをはずすこと。「そんな簡単なシュートをエアるなよ」(埼玉県・中2・男／大阪府・中3・男)

えいやー【エイヤー】《ビジネス》適当に思い切って行うさま。特にビジネスにおいて、時間が迫ったり、根拠が乏しい時の資料作成時に使用する。「締め切りが近づいたので予算数字をエイヤーで作成した」「考えてもわからないので、エイヤー数字で資料を作成」(愛知県・33歳・男)

エギング《釣り》疑似《ぎじ》餌《え》でイカを釣ること。「夫は今週もエギングに出かけた。明石一のエギンガーだと豪語している」(兵庫県・29歳・男)

エグゾーストノート《自動車》排気音。エグゾーストサウンドとも。「官能的なエグゾーストノートが気持ちを高ぶらせる」❖自動車雑誌でよく用いられる表現。(大阪府・高2・男)

エレちゅー【エレチュー】《風俗》エレベーターの中で客とキスをすること。❖ホストが使う言葉。(宮城県・中3・男)

エロい《スポーツ》主としてスポーツなどで、性的な意味のエロチックではなく、いやらしいプレーの意。「エロいサッカー」類セクシー(京都府・38歳・男)

おかもん《漁業》サラリーマンなど陸で働いている人のこと。漁師ことば。「漁師の家のとなりにおかも

ありがとう。「来てごしなって、だんだん」(来てくれてありがとう)

んが住んでいる」（神奈川県・中1・女）

おけらかいどう【おけら街道】《ギャンブル》無一文となって、とぼとぼと家に帰る様子。また、その道。「おけら街道まっしぐら」❖競馬場や競輪場などで使われる。（京都府・中1・男）

おにいけい【お兄系】《ファッション》かっこよくアクセサリーをしてゴージャスに見せるファッション。「この服はお兄系の服だ」（栃木県・中2・男）
補注 名古屋嬢など、「お姉系」と呼ばれる女性の彼氏にありがちなファッションのことを指すが、それ自体の定義は意外と曖昧。

おまつり【お祭り】《釣り》他の釣り人と糸がからまること。「あ！　お祭りしてしまった」（広島県・高3・男）

おりき【オリキ】《芸能》芸能人の事務所公認ルールを守りながら、芸能人を追っかける人たち。まとめ役の人がいる。❖ルールを破った人はヤラカシと呼ばれる。（静岡県・高2・女／東京都・高3・女ほか）
補注「追っかけに力《りき》を入れる」の略。

がーがー【ガーガー】《育児》一般に建設機械を指す幼児語。「ガーガー見たい！」類ブーブー（＝車）（富山県・33歳・男）

がえん《消防》江戸時代の消防人夫。「がえんの心を忘れるな。口先だけでなく体を汚せ」❖現在の消防署員が自虐的に使うこともある。（山形県・53歳・男）
補注 漢字で書くと「臥煙」。

かっぱく《清掃》ガラスクリーニング清掃の業界用語。専用のT字の道具で、水を掻き取ること。「ここのガラスをかっぱいだら、次へ移動します」（東京都・27歳・女）補注「かっぱぐ」とも。

方言メモ 島根県からの投稿

【だんだん】

かむ 《放送》文章などを読んでいる最中や、話している途中で、舌がまわらず言葉がうまく出なくなる一時的なトラブル。特にふだん話し慣れているテレビのアナウンサーやラジオのDJがかむと面白い。(滋賀県・中3・女)

かりかり【カリカリ】 《ペット》ドライタイプのペットフードの俗称。ペットが餌《えさ》を食べる時の音に由来する。「今日のご飯はカリカリですよ」(神奈川県・42歳・女)

かわしぼ 《風俗》「渇いたオシボリ」のこと。水商売では必須のアイテム。(兵庫県・36歳・女) 補注 冷たいオシボリのことは「つめしぼ」、熱いオシボリのことは「あつしぼ」という。

かんじょう【完乗】 《鉄道》「完全に乗りつくす」の意。鉄道好きが鉄道(特にJR)をすべて乗りつくすこと。鉄道好きがあこがれていることでもある。「あと一〇〇キロでJR全線完乗だ」(大阪府・中3・男)

かんにゅうぎゅう【乾乳牛】 《酪農》乳牛は出産後数カ月は乳がよく出ますが、その後は次の出産までは乳が出ません。酪農用語で、この「乳の出ない期間の牛」を「乾乳牛」といいます。転じて、「給料日前でお金が出せない人(ふところが寂しい人)」を「乾乳牛」といいます。「あいつは、今、乾乳牛だから、飲み会に誘っても無駄だよ」(埼玉県・56歳・男)

ガンプラ 《ホビー》「ガンダムプラモデル」の略。数多いプラモデルの中でもファンの多いガンダムシリーズのプラモデルだけを親しみをこめてこう呼ぶ。「弟にガンプラを壊された」(岡山県・中1・男)

きぎょうせんし【企業戦士】 《ビジネス》所属する企業の尖兵として、企業のために、いかなる個人

✎ 少し。ちょっと。「ちょんぼしごしないや」(少しください)

【企業戦士】

キラーン
オレたちは第一線で働くサラリーマン
常に最前線で戦う企業戦士!!
ごくり…
将棋で言えば「歩」ってとこな…
ああ…

方言メモ 島根県からの投稿

【ちょんぼし】

的犠牲を払ってでも、身を粉にして働くサラリーマン諸氏。一般的に、一九八〇年代までのサラリーマンを指して、ジャーナリスト等が使用した。「彼らの働きぶりは、戦国時代じゃないけど、企業戦士と呼びたくなるね」(埼玉県・53歳・男)

きてる・きてます《スポーツ》❶筋肉が極限状態まで疲れきっていること。「(トレーニング後に)かなりきてます」❷自分の気持ちが最高潮まで高ぶっている様子。(岐阜県・高1・男)

キラーパス《サッカー》本来はサッカーなどの球技で、味方へ出される鋭くキツいパスを指す言葉だが、しばしば友達などの会話の中でなされる無理な要求や突然のフリなども指す。(茨城県・高3・男)

きんにくかくせい【筋肉覚醒】《スポーツ》ガリガリだった人が筋トレに目覚め、筋肉を鍛えまくってムキムキした体になること。「あいつはガリガリだったが筋肉覚醒によってあのような体になったのだ」(兵庫県・高3・男)

けつわれ【ケツ割れ】《陸上》短距離ダッシュをした時に(特に二〇〇メートル以上の距離)、尻からもも裏にかけての筋肉が張り、一種の激しい筋肉痛に襲われること。(群馬県・高3・男)

げんせつ【現説】《建設》「現場説明」のこと。「明日現説します」(宮崎県・37歳・男)

こうじちゅう【工事中】《タクシー》速度違反などの取り締まりをしている警察官がいる場所のこと。「八号線は工事中です」❖タクシー運転手が使う。(富山県・20歳・女)

ごじすぱ【五時スパ】

《OL》五時ちょうどに退社すること。アフターファ

帰っておきなさい。「もうおせえけぇ、いんどかれー」

イブに楽しいことが控えている場合が多い。「今日は飲み会なので五時スパします」（埼玉県・25歳・女）

ごっくん《育児》食べ物や飲み物を飲み込むことを表す言葉。「ごっくんしなさい」（京都府・中3・女）

ごみチェン【ゴミチェン】《飲食》「（ゴミ箱が満杯で）ゴミ袋をチェンジする」の略。モスバーガー全店舗、及び店員の間でのスラング。（千葉県・26歳・女）補注 モスバーガーに限らず、広く飲食業界で使われている。

ころダイ【コロダイ】《芸能》ライヴ中に他の観客の上をステージに向かって転がること。ヴィジュアル系のライヴの場合は、靴を脱いでやるのが一般的。「あのバンドのライヴでは、コロダイをする人が多いらしい」（宮城県・中3・女）

きたはら 実際にライヴでこういう情景を見たことはありませんが、まるで「因幡《いなば》の白うさぎ」みたいですね（笑）。

こんにちわやま【今日和山】《芸能》GLAYファンがあいさつをする時によく用いる。和山とは、GLAYのメンバーであるJIROの本名からきている。（山形県・高2・女）

サイドチェスト《ボディビル》胸や腕の筋肉を強調して見せるポージング。❖マッスル界の言葉。（神奈川県・高3・女）

サイドチェスト

さき【咲き】《芸能》バンドのライヴなどで、メンバーに向かって手を広げること。バンドファンの間で使われている。「今日のライヴで咲きを知った」（埼玉県・中3・女）補注 ＼(^_^)／の状態。

サチる《化学》（化学の実験などで）飽和状態になる

方言メモ 岡山県からの投稿
【いんどかれー】

ことをいう。飽和を意味する saturation（サチュレイション）から。転じて、会議などで議論が進展しなくなった状態にも使う。「みんな疲れてサチってきたから、明日の朝から、もう一度議論し直そう」（愛知県・44歳・男／北海道・高専2・男）

しー、しー《育児》幼児に対して排尿を促す言葉。「しー、しー」の回数は対象となる幼児の排尿のスタートが早いか遅いかで決まる。「はい、おしっこしましょうね。しー、しー」（大阪府・33歳・男）

シークレット《ホビー》おまけつきお菓子やカプセル玩具のなかでも、リーフレットに載っておらず、出る確率がとても低い、珍しいもののこと。（神奈川県・13歳・男）

しちゃく【死着】《流通》生き物を輸送した際、到着時に死んでしまっていること。「購入した熱帯魚を送ってもらった場合、死着保証はありますか？」（兵庫県・38歳・男）

しのくみ【死の組】《スポーツ》主にスポーツの大会の予選などで、強豪ばかりが集まってしまったグループのこと。「日本代表は死の組に入ってしまった」（京都府・中2・男）

しばかりき【シバカリキ】《サッカー》プレイ中にやたらとスライディングをしてくる危ない人のこと。「あいつ、シバカリキだから危ない」（長崎県・18歳・男）

シバカリキ

しゃける【シャケる】《スキー》競技中にポールに対して曲がり切れずにコースの外まで空中飛行をし、「滑走禁止」と書かれた網に引っかかること。「三旗門目でシャケっちゃったよ～」❖捕獲された

業界・専門用語――内緒話に使ってください

早くしなさい。「あんた、はよしねー」

シャケが網に引っかかる様子に似ていることから。（東京都・高2・女）

しゃこたん【車高短】《自動車》自動車で地面からボディーまでの距離が短いこと。「車高が低い」という二文節を一文節に略したもの。車好きの連中が使用する機会が多い言葉。（三重県・高1・男）補注 基本的には改造が必要であり、違法なケースも見うけられる。

しゃないニート【社内ニート】《サラリーマン》入社したものの、その後なんらかの事情で労働意欲や昇進の意欲をなくしてしまった者のこと。（熊本県・高1・女）

しゃりばて【シャリバテ】《山岳》お腹が空いて力が出ないこと。シャリは「ご飯」、バテは「バテる（＝疲れる）」のこと。「お昼前だから、歩くとシャリバテして力が出ないよ」（兵庫県・20歳・女）

しゅうかつ【就活】《リクルート》「就職活動」の略。主に大学生・大学院生の就職活動に使う。既卒生および社会人の再就職には、なぜかあまり使われない。「今日の講義は就活のため欠席します」「就活スーツ」（東京都・45歳・女）

しゅうしょくご【就職語】《リクルート》仕事に就くための言葉。転じて、敬語のこと。（京都府・中3・女）

じゅりせん【ジュリ扇】《バブル》バブル全盛期、ディスコ中央のお立ち台にて踊る女性陣が手に持ち振り続けた羽の付いた扇子。（北海道・29歳・男）補注 一九九〇年代初頭、ウォーターフロントとして注目を集めていた、東京・芝浦の「ジュリアナ東京」から。

ジュリ扇

方言メモ 岡山県からの投稿
【はよしね】

業界・専門用語――内緒話に使ってください

じょきょしょく【除去食】《医療》食物アレルギーの対症療法として、アレルギーを起こすと思われる材料を含む食品を一切抜いた食事のこと。「そちらのレストランでは卵と乳成分の除去食をお願いできますか？」（東京都・35歳・女）

じょりる【ジョリる】《テニス》ラケットを地面にこすること。「やべー、ジョリった！」（埼玉県・中2・男）

すかる【スカる】《スポーツ》空振りすること。「ボールを蹴ろうとしてスカった」（広島県・高1・女）

スケブ《美術》「スケッチブック」の略。「スケブお願いします（＝スケッチブックに絵を描いてもらえますか？）」（長崎県・高1・女）

スコる《卓球》大差をつけて勝利する。スコンク（＝一点も取られないで勝利）する。「さっきの試合どうだった？」「軽くスコった」（東京都・高3・男）補注 ビリヤードなどでも使われる表現。

すっぽん【スッポン】《放送》スポンサーを小馬鹿にした呼び名。「スッポンはよけいな口を出さないでほしいな」「スッポンが立ち会わないとスイスイだね」（長野県・53歳・男）

ステる《病院》人が亡くなること。「あの患者がステった」❖医療世界での言葉。ドイツ語のステルベン（死ぬ）から。（京都府・中3・男）

スリング《育児》子守帯の一種。布一枚でできており、赤ちゃんをすっぽり丸く包む。アメリカの小児科医・シアーズ博士により考案され、日本にも浸透した。

スリング

疲れた。しんどい。「ほんま、マラソンはしゅわいわー」

最近の若いお母さんが使うのをよく見かける。赤ちゃんが胎児時代、子宮の中にいた形になり、入れるとたちまち寝てしまう魔法の袋。(東京都・26歳・女)

ぜひもの【是非モノ】《放送》是が非でも放送しなければいけないもの。縛りはないものの、政治的判断で必ず入れなくてはいけないもの。「あそこのプロモーションビデオは是非モノだから必ず入れろよ」(神奈川県・28歳・男)

セレソン《サラリーマン》❶会社の出世コースに乗っている人材。ビッグプロジェクトを任されたり、社長出席の会議に召集されることが多い。「彼は、ウチのセレソンだから、またすぐにビッグプロジェクトに抜擢《ばってき》されるよ」❷会社の女子社員に好評を得ている男子社員。女子に好評な男子社員は会社にも好評を得ている可能性が高い。❖サッカーのブラジル代表がセレソンと呼ばれていることに由来。(東京都・36歳・男) 補注「セレソン」は、ポルトガル語で「代表」の意。

センターベンチ《スポーツ》サッカーなどのスポーツ用語で、いつも補欠の人、また、そのポジション。「お前、今日もセンターベンチで応援やから!」(奈良県・高2・男)

ぜんべた【全ベタ】《運送》全部の行程を下道(一般道)で行くこと。「ベタ」とは「下道」の意。「大阪まで上で行くの?　下で行くの?」「会社儲《もう》かってないから全ベタで行けってさー。まいったなー」反全高(＝全線高速)(埼玉県・30歳・男)

せんりょくがいつうこく【戦力外通告】《サラリーマン》(元々は)プロスポーツ選手への解雇通告。五十歳代の男性の方は会社から、奥さんから、子供から突きつけられることも。(福井県・高1・女)

そもそもろん【そもそも論】《サラリーマン》上

方言メモ　広島県からの投稿
【しわい・しゅわい】

司が言い訳をする際、自分ではなく前任者を批判するために使用する用語。「そもそも論で言うと、あの人がこのやり方を始めたから、こんなことが起きちゃうんだよっ！」（静岡県・27歳・男）

ぞろ【ゾロ】《医療》後発医薬品のこと。ジェネリック医薬品とも。先発医薬品の特許が切れた後、開発費なしで生産できるため価格を抑えて販売できる。「ゾロって先発医薬品と同じ成分量入ってるけど、溶解とか代謝とか微妙に違っててまったく同じ効果とは限らないんですよね」（香川県・28歳・女）

そんきり【損切り】《証券》株の取引などで、買値より株価が下がってしまった場合、損失をそれ以上増やさないことを目的に売ること。「損切りしたあと、しばしば株価はあがる」（岡山県・40歳・女）

タータン《陸上》陸上競技場の地面のこと。「このタータンは走りやすい」（滋賀県・中1・女）補注 正確には、ゴムやウレタンなど低反発の素材を敷き詰めた部分のこと。

たいどエル【態度L】《接客》（態度が）大きい。デカイ。洋服などのサイズを表すLからきている。主に接客業に就く人たちの間で使われる。「あのお客さん、態度3L《スリーエル》だよね」（愛知県・28歳・女）

だっけんちゃっかん【脱健着患】《介護》片麻痺の人の着脱の介助をする際、脱がせる時は健康な側からで、着させる時は疾患のある側からという意味。介護の基本である。（佐賀県・高校生・女）

たんたん《育児》「靴下」や「靴」を指す幼児語。「さ～、お出かけするから、たんたん履《は》こうね～」（北海道・32歳・女）

たんマ【タンマ】《体操》器械体操の鉄棒競技で使う白い粉、「炭酸マグネシウム」の略。「入念にタン

めんどうくさい。しんどい。「手伝ってよ」「たいぎい、嫌だ」

マを付ける」(神奈川県・中2・女)

ちょうざんけんしん【超残検診】《サラリーマン》残業を大量に行った時に受ける健康診断のこと。「今月の忙しさは、超残検診ものだ」(千葉県・46歳・男)

づか【ヅカ】《芸能》「宝塚歌劇」の略。「ヅカファン」は「宝塚ファン」の意。「ヅカ見に行った？」(山口県・高3・女)

つっこみ【ツッコミ】《お笑い》❶手の甲で相手を軽く叩いて間違いを正す行為。❷漫才の中で、①の行為をする人。(大阪府・中3・男)

つんもり《料理》刺身のツマなどで、先を尖らせた盛り付けをいう。「つんもりと盛られている」(東京都・58歳・女)

でおち【出オチ】《芸能》芸人などがよく使う。服装やポーズなどの見た目だけで取る笑い。❖それ以上話が広がらないことを含めていう場合もある。(栃木県・中3・男)

てきる《看護》摘出すること。特に、自力排便困難な頑固な便秘を指を使って出すこと。看護の世界で頻繁に使われる。❖あまりの苦しさに自分でする人もいる。(福岡県・52歳・女)

デコトラ《運送》様々な形や色をしたライトを付けたり、車体に絵をプリントしたり、マフラーを改造した長距離トラックのこと。「今年の新入りのデコトラは迫力満点だなあ」(広島県・中3・男) 補注 デコレーション・トラック。

デコトラ

方言メモ　広島県からの投稿

【たいぎい】

てっちゃん【鉄ちゃん】《鉄道》鉄道愛好家を親しみを込めて呼ぶ言葉。女性の場合は「鉄子」「レールクイーン」と呼ぶこともある。鉄道に乗る「乗り鉄」、鉄道を撮る「撮り鉄」、鉄道模型を作る「模型鉄」の三つに大きく分けられることが多い。派【撮り鉄《とりてつ》】鉄道愛好家の一つ。鉄道写真を撮ることを目的とする。良い写真を撮るために時として山に登ることもある。カメラ愛好家であることも多い。【乗り鉄《のりてつ》】鉄道愛好家の一つ。鉄道に乗ること自体を目的とする。全国の鉄道全線を乗りつくすことが最終目標となる。（大阪府・高2・男）

てっぱん【鉄板】《お笑い》これを言ったら絶対に笑いがとれるというフレーズのこと。芸人がネタの中で笑いが欲しい時に使う。（埼玉県・中3・女）補注 お笑いに限らず、競馬などでも、非常に手堅いレースのことを「鉄板レース」という。

てっぺん《放送》夜中の十二時。時計の十二時がてっぺんにあることから。「今日の収録はてっぺんを過ぎそうだ。やばい、帰りどうしよう」（神奈川県・56歳・男）

てっぺん

てんつき《スポーツ》テニスやバドミントンで、ボールやシャトルをラケットの面上で一定時間、あるいは回数、跳ねさせること。「てんつき二十回できました」（東京都・高3・女）

てんどん【天丼】《お笑い》同じことをくり返すこと。「あの芸人は天丼をしている」（三重県・高1・男）補注 天丼にえびが二本のっていることに由来するという説が有力。

トゥイッチ《釣り》竿《さお》を小刻みに動かすこと。「ぼくはトゥイッチを続けた」（宮崎県・中3・男）

✎ 変な。おかしな。「なんじゃ、いなげな形しとるのう」（何？　変な形してますね）

どくモ【読モ】《ファッション》「読者モデル」の略。雑誌の編集部などが読者から選んだモデル。どこのプロダクションにも所属しておらず、原則的に素人である。(静岡県・中3・男)

なるはや《サラリーマン》「なるべく早く」の略。「ちょい遅れるわー」「あぁわかった、じゃーなるはやで」(山口県・高校生・男)

なんきんしばり【南京縛り】《運送》荷物をトラック等に積んだ後、最後にロープで固定するための縛り方のひとつ。引っ越しや宅配便、現場労働等、多方面にて活用される。一度この結び方でキメておくとなかなか荷が緩まない。「南京で縛っておいてくれぃ」❖頑丈で安心な「南京錠」に由来すると言われている。(東京都・33歳・男)

にくきゅう【肉球】《ペット》猫や犬の足の裏のこと。衝撃をやわらげるクッションの役目を果たしている。また、ここに汗腺をもつ動物は発汗による体温調節も行っている。正式には蹠球《しょきゅう》というがほとんど知られていない。肉球の方がメジャー。❖この部分をプニプニしているとなんともいえず心地よい。また、猫の肉球を触っているとなんともいえない視線を感じてハッとすることもある。(東京都・23歳・男)

にくる【肉る】《陸上》肉離れすること。「あ!! 肉った!!」「肉りそう!!」(長崎県・高2・男/群馬県・高2・男)

ねこ【ネコ】《建設》工事現場等で使用する「土砂運搬用一輪車」の別称。ベテラン職人が主に愛用する言葉。「ネコの手も借りたい」のネコに由来すると言われている。「お〜い、ネコ使って運んでくれ

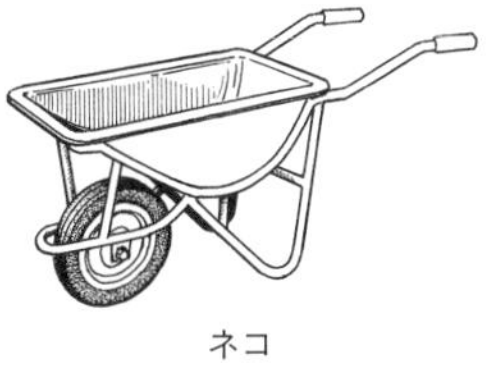

ネコ

方言メモ 広島県からの投稿

【いなげな】

い」(東京都・34歳・男)

ねこね【猫寝】《ペット》ぐっすり気持ちよさそうに寝ている状態。罪のない様子。「腹が立って蹴飛ばしてやろうかと思ったけど、猫寝状態の彼を見てたら怒る気も失せた」「暖かい部屋でうとうとと…まさしく猫寝の境地」(兵庫県・46歳・女)

ノータリン《サラリーマン》得意先などの出先から、直接帰宅すること。「ノーリターン」と同意。❖残業するであろう同僚・後輩などに「ノーリターン」「直帰です」などと言って社外に出ようとすると、少しうしろめたいが、そんな時は最高の笑顔でこの言葉を言うと、気まずい思いが軽減される場合がある。(千葉県・39歳・男)

のみニケーション【ノミニケーション】《サラリーマン》アフターファイブに職場の同僚・上司や得意先等とお酒を飲みながら人間関係を深めること。特に日本社会では、昼はIT、夜はノミニケーションが、仕事を円滑に進める為に欠かせない重要な情報交換技術とされる。「ノミニケーション不足が問題視される」「ノミニケーション依存症になる」(埼玉県・44歳・男)

バーリトゥード《格闘技》総合格闘技のこと。ほとんどルールがなく、理性を捨てて行う残忍な格闘技。「あんな手段で金をだましとるとは、あいつの心はまるでバーリトゥードだ」(大阪府・高2・男) 補注 実際の総合格闘技では禁止・反則のルールがあり、その内容は、大会・団体によって異なる。

ハイエナ《パチンコ》パチンコ店で人がはまった台や、いい局面で他の客が打つのをやめてしまった台を狙って打つ行為。また、その人。「この店はハイエナばかりいる」「あの台やめたらハイエナしよ」(愛媛県・32歳・男)

残りわずかの物がなくなる。「しょうゆがみてる」

はしる《音楽》曲の本来のテンポより早く弾くこと。反モタる（大阪府・高1・男）

ばっちこ〜い《野球》野球の守備をしている際、野手がバッターに向かって威嚇《いかく》する言葉。（愛媛県・中3・男）

ばっちこ〜い

ばもる【バモる】《サッカー》サッカーの応援で立ち上がって応援すること。「あのチームの応援、すごいバモってる！」（神奈川県・高2・女）補注 スペイン語の「vamos（＝元気で行こう）」に由来か。

バリ《ホビー》プラスチック樹脂の成型品などの端等についていることがある、未処理のざらざらした部分。「発展途上国製の製品にはよくバリがついている」（東京都・39歳・男）

バンギャ《芸能》主にヴィジュアル系のバンドのファンである若い女性のこと。年季が入ってくると「オバンギャ」と呼ばれることがある。バンドマンのための出費は惜しまない。「ライヴ会場の周りでバンギャが出待ちをしている」（宮城県・中3・女）

ばんきょう【番協】《放送》一般人が歌手やタレントと一緒に番組を盛り上げること。協力すること。（神奈川県・高2・女）

ひけしぶたい【火消し部隊】《サラリーマン》起きた問題の後始末をする人。平成のオフィスではおしゃれに「ソリューション」などとも呼ばれるが、尻ぬぐいをする嫌な役割に変わりはない。頼まれたら断れない素養を持った者が任命される。「営業が先方でミスをしたよ！」「すでにB君らが火消し部隊になって向かっています」（大阪府・44歳・女）

方言メモ　広島県からの投稿
【みてる】

ふあんかくていようそ【不安確定要素】《ビジネス》将来間違いなく失敗するであろう事象の原因となる事柄。「彼をこのプレゼンに参加させたのは、不安確定要素だ」「昨今の少子化は、私たちの年金支給額減少の、不安確定要素だ」（岡山県・39歳・女）

プージャー《スポーツ》「プーマのジャージ」のこと。「プージャーほしいな」（静岡県・高2・男）

ふらリーマン【フラリーマン】《サラリーマン》「不良サラリーマン」の略。仕事をしながらパソコンで遊ぶ人たち。（茨城県・中1・男）

ぽち【ポチ】《病院》医療用語では点滴。ポチだけでは使わない。点滴をがらがらに付けながら病院内を移動することを「ポチをつれて散歩」という。（静岡県・41歳・女）

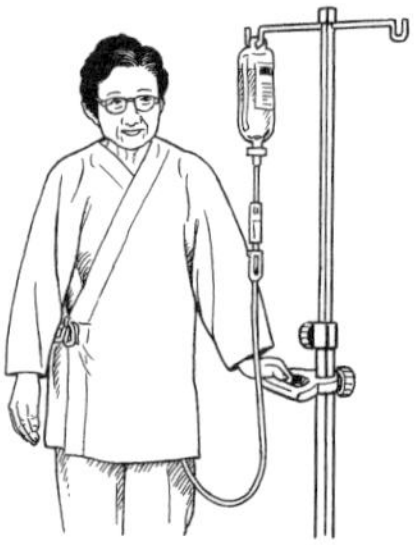

ポチ

まけぼの《格闘技》負け続ける無勝の王者、元横綱・曙の別名。現K―1ファイター。「今年の大晦日もまけぼのが試合に出るらしい」（大阪府・高2・男）補注 負け続けているのは投稿時（二〇〇五年末）。本書刊行の頃には勝っているかも。

マリサポ《野球》マリーンズサポーター。千葉ロッテファン。「マリサポは熱い」（大阪府・高1・女）

みせきん【見せ筋】《スポーツ》見た目だけはものすごい筋肉。適応力・柔軟性のあまりない使えない筋肉。（北海道・高3・男）

むだジャン【ムダジャン】《スポーツ》主にスポーツなどの際、必要のないところでジャンプすること。または、それをする人。格好良く見せようとしているなど、否定的な意味を含むことが多い。「あい

✎ 簡単。「今日のテストみやすかったね」

つ、またムダジャン」「あー、ムダジャンしてしまった」❖部活動や体育などでは、「ムダジャン魔」などと呼ばれることもある。（富山県・高2・男）

もー　《育児》幼児がトイレの後におしりをふいてもらう時の動作。腰を曲げ、頭を下にし、おしりを後ろに突き出した形。「たっくん、おしりをもーしなさい」（佐賀県・34歳・男）

もたる【モタる】　《音楽》曲の本来のテンポより遅く弾くこと。「モタってる」反はしる（大阪府・高1・男）

ももひきしゃいん【ももひき社員】　《サラリーマン》（ももひきが下半身をずっと暖めてくれるように）能力が高いのに出世せず、平のまま働き続けて会社を支えている五十歳以上の男性。「彼をこのままももひき社員で終わらせるのはもったいない」（岐阜県・高1・男）

やらかし【ヤラカシ】　《芸能》芸能人を必要以上に追いかけること。人権を損害すること。例えば、自宅前での待ち伏せ、車を追いかける、家への電話など。（静岡県・高2・女）

よんのじ【4の字】　《サラリーマン》プロレス技の「4の字固め」からのイメージで、ちょっとやそっとでは抜けられそうにない状況のこと。「午後の会議は4の字だから、飲み会には少々遅れると思うよ」（大阪府・50歳・男）

らいがいしゃ【来街者】　《行政》都市の特定の区域を訪れる人々を指す言葉。ビジターに対する訳語として、外部から来る人々が都市にもたらす経済効果を考える際に用いられる。観光客およびビジネス出張者を含むが、通勤通学者は除かれることが多い。「経済効果を計るため正確な来街者数を把握することが必要だ」（兵庫県・40歳・男）

方言メモ　山口県からの投稿
【みやすい】

ライぱち【ライ8】《野球》ライトの守備位置で8番バッター。転じて、あまり重要でない人を指す。「ライ8になった」（京都府・中2・男）

ラッしゃー【ラッシャー】《スポーツ》ラッキー&ヨッシャー！　ことのほかうまくいった時に用いる。❖例えば、ゴール前でヘディングシュートを狙いに行った時、自分の前のディフェンスに阻まれたが、そのクリアーが自殺点になってゴールが決まったような場合に、「ラッシャー!!」と使う。（兵庫県・中2・男）

ラバーカップ《清掃》トイレのつまりを取る道具。通称トイレにあるスッポン。あまり知られていない言葉。（東京都・中2・男）

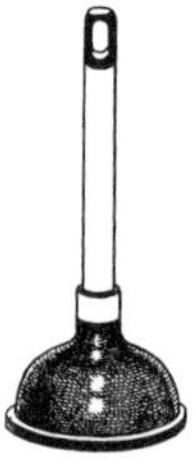
ラバーカップ

リジェクトベース《行政》常に否定的なさま。「あの課長の回答はいつもリジェクトベースだ」（神奈川県・50歳・男）

りっそく【律速】《化学》全体の反応速度を決定しているもの。転じて、ものごとを進める上で、速度を決定しているもの。「このプロジェクトの進捗《しんちょく》は、彼の仕事律速になっている」「今日の生産は、この装置の立ち上がり律速になっている」（茨城県・38歳・男）

ろくまる【ロクマル】《釣り》釣り用語。六〇センチ以上のブラックバスのこと。「今年の目標はロクマルを釣ることだ」❖ちなみに五〇センチ以上のブラックバスのことを「ランカー」と呼ぶ。（大阪府・27歳・男）

ロックオン《サラリーマン》❶戦闘機などが目標物を攻撃範囲に捕らえた状態。❷転じて、上司が「残業」や「長期出張」など、比較的敬遠したい仕事を依頼する際、気の弱そうな部下と目線が合った状態。（長野県・41歳・男）

5

オノマトペ系のことば

なぜか聞こえる、なぜか伝わる

あげあげ【アゲアゲ】 どんどん、気持ちを高めていこうとするさま。「今日は、アゲアゲ↗↗でいこう！」❖やり方は、両手の人指し指を突き立て、交互に上げる。（東京都・中2・女）

あたっ 拳《こぶし》を敵にあてる時にあげる声。「いくぞ！あたたたたたたたたたたうあぁあたぁ！」（宮城県・中2・男）補注 ジャンプコミックスの人気マンガ『北斗の拳』の主人公・ケンシロウが敵を攻撃する時に発する声から。

うにうに 精神的・身体的にシャキッとしていないこと。「うにうにしてないで、早く宿題をしなさい」（奈良県・中2・男）

がくぶる【ガクブル】 すごく寒くて、あるいは緊張して震えること。（愛知県・高2・女）

かちかち【カチカチ】 男女がラブラブ状態で、他人の入る余地がないこと。「M男とS子って、カチカチだよね」❖女子中高生たちの間で使うギャル語。（栃木県・中2・女）

がっぽがっぽ 一度に大量に入るさま。「お金ががっぽがっぽ儲かる」「株ががっぽがっぽ手に入る」（群馬県・中2・女）

がばちょ 擬音語。一時に、たくさんのものを何かする様子。「彼女はご飯をがばちょと平らげた」「皮膚をがばちょとめくるとそこは雪国でした…」❖何か「ガバッ」というイメージの時に使う。（大阪府・高2・男）

かぴかぴ 擬態語。表面がひび割れしそうなほど、固くかたまっているようす。「米粒がかぴかぴに固まる」（兵庫県・中3・女）

✎ 届く。「海が急に深くなって足がたわん！」

ぎぃっとんぎぃっとん【ギィットンギィットン】 やたら油っこいさま。「この天ぷらギィットンギィットン」「あんた今日顔ギィットンギィットンやで」（大阪府・高2・女）

ぎくっ【ギクッ】 図星。相手に痛いところを突かれる様子。言わなくていいのに、つい出てしまう言葉。「ギクッ、今何て言った?」（静岡県・23歳・女）

きゃぴきゃぴ【キャピキャピ】 男性の前でかわいく見せようとしたり頑張っているぶりっ子の態度や姿のこと。「キャピキャピしている女性」❖はじけている女の人を見た時に使う。（熊本県・高1・女）

きゅん ❶心が軽やかに弾む感じを表す。❷かわいいなど、心にときめきを感じた時の表現。「かわいい子犬を見てきゅんとした」「きゅんきゅんした」（東京都・中2・女）

ぐだぐだ ❶物事、予定などが全く計画通りに行かず、最初の目的とは程遠い結果になること。「今回のテストの結果はぐだぐだだった」「今日の会議ぐだぐだじゃん」❷物事が長く続き、すっきり終わらないこと。「全校集会の時の、校長先生の話はいつもぐだぐだだ」❸何もすることがなく過ごすこと。やる気が起きず、何もしないさま。「あんた、いつまでぐだぐだしてるの!?」❖表記は「グダグダ」とも。（岐阜県・高1・男／神奈川県・21歳・女）

こしこし きめの細かい布で、物の表面の狭い範囲を軽く連続してこする音。「テーブルの隅をこしこし拭《ふ》く」（兵庫県・高3・女）

こすこす 猫が人間や他の猫などに対して親愛の情を示すために、自らの頭部を相手にこすりつけるしぐさ。ただし猫同士で、相手に触れずにその周辺のものに対してこれを行う場合には、威嚇《いかく》を意味することもある。「ミーの寝床を横取りするため、タマ

方言メモ　山口県からの投稿
【たう】

は敷物にこすこすした」（埼玉県・36歳・女）

ざかざか ❶物が無造作に置かれている様子。「その棚の上のざかざかしてるのどうにかしなさい」「プリントがざかざか入ってるけど…」❷いっぱいいる（ある）様子。「渋谷は休みになるとざかざか人がいる」（東京都・中3・女）

さくさく ❶野菜を切る時の手応えなどが、軽快で小気味よいありさま。テンポのよいありさま。「さくさくした歯ごたえ」「母が野菜をさくさく切る」❷雪・霜柱・砂・粉などが踏まれたり混ぜ合わされたりして崩れる時の、軽快な連続音。「新雪をさくさくと踏む」❸物事を段取りよく手間取らずに、てきぱきと進める様子。「仕事をさくさくこなす」「このくらいの問題はさくさくできた」（秋田県・中3・男／大阪府・高2・女ほか）

きたはら とても応募の多かった作品です。従来とは使い方が少しずれてきていますが、意味はとてもよくわかります。性質や状態、様子は、動作よりも一段と抽象的なもので、見方や捉え方によっても変わるものですから、副詞の意味は微妙にずれたり、変化したりすることがあります。「さくさく」のように同じ音を重ねた形の副詞は、意味が変化したり、新しい語が作られたりすることが多いのです。

じゃらじゃら【ジャラジャラ】 財布の中にお金が多くあって経済的に富んだ状態。財布を持ち歩いている時の音「ジャラジャラ」に由来。「今日はジャラジャラだから何でもおごってあげるよ」（北海道・高3・男）

しゅるしゅる 糸状のものがほどける時、または通過していく様子を表す言葉。「包帯がしゅるしゅるとれた」「へびが塀の上をしゅるしゅると渡る」（大阪府・中3・女）

久しぶり。「おまはん、えっとぶりでー」

しゅわい【シュワい】 炭酸飲料を飲んだ時の、炭酸が口の中ではじける感覚。炭酸の強さを表す形容詞。「このコーラはお年寄りにはシュワ過ぎるねえ」（石川県・43歳・男）

しょぼーん【ショボーン】 何となく悲しい、むなしい気持ちになった様子。「バスが予定の時間より遅れてて来ない。ショボーン」（山形県・高2・女）

ずっぽし 「すっぽり」のパワーアップ。「この指輪、ずっぽしはまったー」❖すっぽりの意味と気持ちの合体！（茨城県・28歳・女）

すんすん 何かがスーっと通る様子。「鼻がすんすんする」「今、すんすん行動できない」（福岡県・中3・女）

たぷたぷ やわらかいこと。あり余っていること。「筋肉がたぷたぷになってきた」（北海道・中1・男）

だるだる ❶洋服の布地などが伸びてしまっている状態。「洗濯をしたら洋服がだるだるになっちゃったよ」❷場の雰囲気がだらけてしまうこと。「今日の会議はだるだるだった」（静岡県・33歳・女）

でぇやぁっ・へあっ【デェヤアッ・ヘアッ】 ウルトラ一族が発する言葉。【デェヤアッ】主に威嚇《いかく》、気合いを入れる時などに発する。「（向かってくる怪獣に対して）デェヤアッ」／【ヘアッ】ダメージを受けたときなどに発する。「（怪獣のパンチをくらって）ヘアッ」（長野県・高1・男）

てけてけ ❶軽い、小きざみな音を表す擬音語。「ギターをてけてけ鳴らす」❷小またで小動物味をもったものの動き方、人の歩き方を表す擬態語。「てけてけと進む人形」「不審者にてけてけついていく」（東京都・高1・女）

てとてと 幼い子供が歩く様子。「妹が川の側をてと

方言メモ　徳島県からの投稿
【えっとぶり】

てと歩いている」（千葉県・高2・女）

てへっ　❶失敗してしまった際に、照れ隠しで笑う様子。❷自分を可愛く見せようとポーズを取る様子。❖普段からぶりっ子をしている人が見せると嫌な気分になるが、普段から真面目であったり、清楚《せいそ》な人が時折見せると非常に好感が持てる。類てへへ（三重県・高1・男）

てれてれ　机の上などを小さな虫がゆっくり歩く様子。また、その歩き方。「てれてれ歩いている」（徳島県・27歳・女）

てろてろ　ヒラヒラしていながらツルツルした感じ。食品でいえば、ハシで持とうとするとちぎれる硬さのワンタン。（京都府・中1・女）

てろんてろん　❶本来、シャンとしたり張り詰めているものが緩んだ状態になること。ひらひらと波打つようなさまを表す。「何、そんなてろんてろんなシヤツ着て！」❷ゴム等が緩んでしまった衣類に用いる。「その靴下、てろんてろんだよ！」（奈良県・40歳・男）

にかにか【ニカニカ】　手が油まみれになっている様子。「ポテトチップスを食べて、手がニカニカする」（熊本県・高1・男）

ねそねそ　❶もそもそでもなく、もじもじでもない様子。はっきりしないさま。❷くつろいでのびている様子。「冬休みだからって、ねそねそしてはいけません」（新潟県・中3・女）

ばくばく【バクバク】

緊張して胸が高まること。ドキドキして心臓の音が異常に大きく聞こえることに由来する。「彼女に告白する時、すごくバクバクしたよ」「志望校の合格発

かまわない。「これ食べてもかんまんで？」

表を見る時は、バクバクしっぱなしだったよ」（埼玉県・45歳・男）

きたはら それほど珍しい語ではありませんが、辞典には載っていません。語釈がうまく、用例のあげ方も適切です。

ぱっつん ❶前髪を切り過ぎて、そろってしまった状態。「ぱっつんだけど笑わないでね」❷衣類などを着用した際に体と衣服との間に余裕が無いさま。ピタピタ。主に二回くり返して使う。「ぱっつんぱっつんのTシャツ」（大阪府・高1・女）

ぱやぱや【パヤパヤ】 ❶落ちつきがなく、騒がしい様子。「あの子はとてもパヤパヤだ！」（山形県・高2・女）❷いちゃいちゃ＋ラブラブな雰囲気のこと。彼氏・彼女がいない人がカップルのそんな雰囲気をうらやましがっていう言葉。「ぱやぱやしてんなよ！」「あの二人ぱやぱやしてるなぁ」（東京都・高3・女）

ばりばり ❶勢いよく裂いたりはがしたりする音や、そのさまを表す語。「たくあんをばりばりかむ」「猫がばりばりと爪を研ぐ」❷物事に積極的に取り組むさま。「ばりばりと勉強をこなす」❸物事をするのに勢いがあるさま。「第一線でばりばりの社員」（東京都・中1・女）

ぴこぴこ【ピコピコ】 テレビゲームのこと。テレビゲームが一般家庭に定着する以前は、もっぱらこう呼ばれた。「太郎、そのピコピコやめなさい」（大阪府・高1・男）

びちょっと かなりたくさん。とても多い。「スープがびちょっとこぼれた」「宿題がびちょっとある」（大阪府・高1・男）

ぴっぴ【ピッピ】 「リモコン」の意。押す時の効果音が「ピッピッ」という感じだから。「そこのピッピをとって」（静岡県・高2・女）

方言メモ　徳島県からの投稿

【かんまん】

ふっそり 太くもなく細くもない体型。「太い」+「細い（ほっそり）」の合成語。「しばらく見ない間に（太ったね、と言いそうになってあわてて）ふっそりしたねぇ」（徳島県・46歳・男）

ふむふむ 物事を理解し、納得した時に打つ相づちの音。「ふむふむ。それはわかったけど結局どうなのさ」（神奈川県・高3・女）

ぷよぽん【プヨポン】 プヨプヨしていて、ポンポン弾力感のある様子。「この肉のプヨポンな部分は食べられないね」❖給食に肉が出た時、肉のすじのプヨプヨした所のキライな生徒がよく用いる。（群馬県・高1・男）

ぶりんぶりん【ブリンブリン】 ラインストーンがついているような、ハデでキラキラしている様子。B系の人がよく身に付けたり、持っていたりする。「この車、ブリンブリンじゃね？」（山形県・中3・女）補注アキバ系おたくファッションを「A系」と呼ぶのに対して、レゲエ・ヒップホップなどの、だぼっとしたファッションの通称が「B系」。

ぷるぷる ❶ゼリーやプリンなどが口の中で踊り動くような感じ。❷肌がうるおっていて突っつくと揺れ動く様子のこと。「あなたの肌はぷるぷるしてますね」（三重県・高2・男）

べちゃべちゃ ❶ひどく濡れているさま。びちゃびちゃ。「雨が急に降ったので服がべちゃべちゃだ」❷水気を含んで粘るさま。「べとべと」をひどくいったさま。「油がべちゃべちゃで体に悪そうなチャーハン」（大阪府・中3・男）

へろへろ【ヘロヘロ】 ❶肉体的疲労によって体に力が入らない状態。「体育の時間に長距離走ったからヘロヘロになったよ」類へとへと ❷精神的ショックなどで気持ちが疲れた状態。「昨日彼女にふら

すねる。「あんたはすぐどくれるんやきん」

れてもうヘロヘロだよ」❸物質がきちんとその形を保てない状態、または使いすぎにより劣化した状態。「このビデオテープ、重ね撮りのし過ぎでヘロヘロだよ」(静岡県・30歳・女)

ほわほわ ❶「ふわふわ」をやわらかくした表現。「ほわほわした布団」❷「ほかほか」をやわらかくした表現。「ほわほわした焼きイモ」(大阪府・中3・男)

ぼんっきゅっぽん【ボンッキュッボン】 男性のほぼすべてが理想とする女性のスタイル。出るところは出て、くびれるべき部分はくびれた体型のこと。意訳すると、「胸は張りがあり大きく、腰はスラッと細く、尻はふっくら丸みがある」となる。ナイスバディー。「やっぱり、女はボンッキュッボン！だよなぁ〜」(広島県・中3・男／奈良県・高2・女)

むきむき【ムキムキ】 かなりの筋肉質であるさま。筋肉が盛り上がっている様子。マッチョ。「あのムキムキな人は誰ですか」「彼はムキムキなので、とても見た目が強そうだ」(大阪府・高1・男／大阪府・中2・男)

むにむに【ムニムニ】 ❶お腹周りの肉がぷっくらしている様子。❷小太りな人。「アイツ、最近ムニムニしてきたぜ」(山形県・中2・女)

むひむひ 何かをしてもらって鼻息を荒くして喜んでいる様子。嬉しい様子。「子どもが念願のおやつをもらって、むひむひしながら食べている」(岡山県・30歳・女)

もけもけ ❶「ふわふわ」「もこもこ」の別の言い方。主に動物の毛などのことをいう。手ざわりがやわらかく、面白いもの。「このぬいぐるみもけもけしてる」「この服の着ごこちはもけもけだ」(静岡県・高2・女)❷毛ばだっている、(糸のような物が)ごちゃごちゃしている状態。「服がもけもけしている」「髪の

方言メモ　香川県からの投稿

【どくれる】

毛がもけもけしている」「セーターが毛玉でもけもけだ」（京都府・高3・女）

もこもこ　柔らかくふくらんでいるさま。「ふわふわ」よりもあまり空気を含んでおらず、わいてくるようなイメージ。「もこもこな羊」（大阪府・中3・男）

もさもさ　❶大きめの雪（ぼたん雪）が特に風を伴わずに絶え間なく降り続けているさま。「今朝から雪がもさもさ降り続いている」❷毛のある太めの動物等が鈍い動作をしているさま。「この猫は太り過ぎてもさもさとしか動けないね」❸草食動物がエサを食べている音、またそのさま。「パンダは笹をもさもさと食べる」（岩手県・36歳・女）

もちゃもちゃ　食べ物などを食べる音や噛《か》む音をかわいらしく言い表した言葉。「もちゃもちゃ食べるな」（香川県・高3・男）

もっこり　男の大事な部分が、誰から見ても富士山のようにふっくらしていること。（岐阜県・高校生・男）

もっさり　❶もさもさと生い茂っている様子。「もっさりとした髪型」❷大量・多量。「わらびがもっさり生えている」（埼玉県・高3・女）❸そのものの動作が遅く、鈍いさま。転じて、気の利かない使えない人物や物を指すこともある。「この携帯、もっさり」「あいつ、もっさり」❹動きが遅くなるほど何かがどっさりとある様子。うんざりしたり、嫌な気分にさせられるほどの多さ。「借金がもっさりと…」「いらない機能がもっさり」（広島県・30歳・女）

もったり　生クリームを作るのに泡立てた時、ぽとっと落ちる感じの状態。生クリームに限らず、何かを混ぜた時の状態表現として、よく用いられる。（奈良県・36歳・女）

✎ 横紙破り。屁理屈を言うこと。「あの人はよもだな人だ」

【ボンッキュッボン】

ボンッキュッボン!
キュッボンボン!!
おかん!!

【ぷるぷる】【ムニムニ】【もっちり】

うっちゃんてお肌ぷるっぷるー♡
そ…そう??
二の腕はもっちり〜
アハハ
背中もムニムニ!!
言いたいことがあるならハッキリ言ってよっっ
別にィ〜

方言メモ 愛媛県からの投稿

【よもだ】

もっちゃり ❶あいまいな様子。「もっちゃりしたルール」❷ゆっくり、ご飯を食べる様子。「もっちゃり、もっちゃり食べる」(兵庫県・中2・男)

もっちり ❶弾力があってやわらかいこと。「餅《もち》はもっちりしてておいしい」「この感触はもっちりしてていい」(兵庫県・中2・女)❷見た目よりも実際は重量感があるさま。もちもち。「もっちりタイプの饅頭《まんじゅう》」❸乾燥とは全く無縁な、うるおった状態の肌。「もっちりした手触りの肌」❖食べ応えがありそうで、「もっちりタイプの」というパンをよく買ってしまいます。(福島県・37歳・女)

もはもは【モハモハ】 ❶髪がまとまらず、ふくらんでいる様子。「今日は髪がモハモハする」❷かさばる様子。「かさね着しすぎて服がモハモハする」(埼玉県・高1・女)❸洋服やマフラーなど、毛がたくさんついていて外に広がっている様子。「その服モハモハしてて、あったかそう」(東京都・中1・女)

もふもふ【モフモフ】

❶クッキーなど、飲み物がないと食べにくい、パサパサで水気がない食べ物を食べる時の音。「このさつまいもモフモフしてない?」(東京都・中3・女/北海道・高2・女)❷ふわふわして暖かく感じる様子。肌にやわらかく、暖かい感覚を覚えるものに触れた時に使う。「猫を抱きしめると、モフモフして気持ち良い」(埼玉県・女)

もみもみ【モミモミ】 揉《も》む動作をくり返し行うこと。「知らない女の子の胸をモミモミしてはいけません」「ハンバーグにするためのミンチをモミモミしておいてください」(大阪府・高2・男)

もよもよ ❶落ち着かない気持ち。「悪いことをしてお母さんに言うかどうかと心がもよもよしている」❷マシュマロに代表されるような食感。「お餅《もち》はもよもよしておいしい」(岡山県・中1・女)

✎ 帰ります。「もうこんな時間になってしもうた。ほんじゃ、いんでこーわい」

らぽらぽ　さわやかに、軽い感じに両思いの様子。（東京都・中2・女）

る〜るるる【ル〜ルルル】　キタキツネの鳴き声をまねたもの。擬声語。「ル〜ルルル、ル〜ルルル、キタキツネが鳴いている」（長野県・高1・男）補注 テレビドラマ「北の国から」シリーズより。

るんるん　❶楽しそうで、軽やかな気持ちを表す言葉。上機嫌な時によく使われる。「今日はいいことがあったので、るんるん気分だ」❷リズムをつけて音楽を聞く様子。（新潟県・中1・女）

わしわし　美味しい食物を、喜びを感じながら、口いっぱいにほおばり食べる様子。「秋刀魚《さんま》の塩焼きをおかずにして、新米のどんぶりめしを、わしわしと食った」（兵庫県・37歳・男）

わたわた　少しだけ慌てている感じ。ゆっくりできない様子。小さい子供がいる時によく使う言葉。「（子連れでレストランでの外食後）今日のランチ、わたわたしちゃったね」「ゆっくり見たかったけど、わたわたして出てきちゃった」（東京都・31歳・女）

わらわら　人がたくさん集まってくる様子。「人がわらわらと集まってくる」（岐阜県・高3・女）

方言メモ　愛媛県からの投稿

【いんでこーわい】

6

日常のことば・通のことば

辞典に載るのも夢じゃない?

ひょっとして私たちキャラカブってます?
カブってますね
仕方ない私だけでもカブるとしますか…

アベック 親しい関係にある男女の二人連れ。死語。「カップル」「ツーショット」にその地位を奪われて久しいが、状況や使い方次第ではハマる場合もある。例えば、神宮外苑の色づいたイチョウ並木の下を腕を組んで歩く品のいい初老の夫婦を表現するには、カップルやツーショットより「アベック」を使いたい。（神奈川県・46歳・男）

いっしゅん【一瞬】 ❶またたく間。「一瞬の出来事」❷少しの間。「それ、一瞬貸してもらってない？」❖本来の「またたく間」と比べると長い時間ではあるが、借りる時間が短いことを示し、相手に「貸す」ことの抵抗をなくさせるために用いる。（東京都・27歳・女）

いりょうなんみん【医療難民】 保険診療を受けられないために医療費が高くなり、病気や事故でも医者の治療を受けられない人。健康保険料を納めないために、保険診療を打ち切られているのが原因である。（茨城県・50歳・男）補注 このほか、療養病床の不足、診療報酬の切り下げによる負担増、重症患者のたらい回しなどのため、自らの意志に反して最適な医療を受けられずにいる患者を指す。

いろみ【色味】

色合い。風合い。「彼女は、新商品の化粧品が発売されたので色味をよく見比べて買った」「先日、気に入った色味のシャツを見かけてつい買ってしまった」（兵庫県・26歳・女）

きたはら この「み」は、「赤み」「新鮮み」などの「み」で、形容詞や形容動詞の語幹に付いて、性質や状態がそう感じられるという意味を表す接尾語です。ただ、名詞の「色」に付いているのがおもしろいですね。例文を見ると単に「色」と言っても意味は変わらないようですが、その色の度合いということを強調しているのでしょう。

うる【売る】 （「地域」を売る、の形で）犯罪がらみの

とても。「こじゃんと寒い」

事情により、ある地域にいることが困難になって、その地域から退去すること。❖ディック・ミネの歌謡曲『旅姿三人男』の歌詞に「国を売る」との例が見られる。（兵庫県・68歳・男）

おくりひつじ【送り羊】 女性を送って行っても何もしない男。「送り狼」の反対語で、女性からすると気の小さい男・臆病な男の意。（神奈川県・53歳・男）

おひとりさま ❶宿泊施設・飲食店などでの、一人で訪れた客に対しての呼称。「お客様は、おひとりさまですか？」❷誰にも邪魔されず、一人で食事・旅行・催し物などを楽しむ独身女性。「ゆったりとした気分でおひとりさまを楽しむ女性が増えています」（愛知県・41歳・女）

おみせをひろげる【お店を広げる】 自分の使用している物があたりに散らばり、自分の使用する場所を広くしてしまうこと。散らかすこと。「おもちゃで遊んでいたら、いつの間にか、お店を広げてしまった」（東京都・中学生・女）

かさかしげ【傘かしげ】 傘をさしてすれ違うとき、相手が通りやすいように傘を傾ける意。「日頃疎遠にしている人に出くわしたとき、傘かしげをしながら、いい挨拶ができた」（神奈川県・57歳・女）補注「江戸しぐさ」と呼ばれる江戸時代の町民のマナーのひとつ。

かぶる ❶頭部を覆うものを装着する。「帽子をかぶる」❷全身を覆う一体型のものを装着する。「着ぐるみをかぶる」❸頭部あるいは全身に液体を浴びる。「ふろの湯をかぶる」❹本来自分のものではない責任を引き受ける。「罪をかぶる」❺発言・行動、様子、性質などが、意図しないにもかかわらず他者と重なる。「声がかぶる」❻自動車の内燃機関の部品に炭素が付着する。「プラグがかぶった」（山口県・35歳・男）

方言メモ　高知県からの投稿

【こじゃんと】

かぼちゃっこ【南瓜っ子】 南瓜のように体が強く、たくましい子供のことを指す語。「あなたの息子さんは南瓜っ子で羨《うらや》ましい」反もやしっ子（三重県・高3・男）

かんしょく【完食】 一回の食事を全部食べきること。「今日の昼ごはん、完食したよ」（千葉県・高2・女）

きあいねつ【気合熱】 ❶物事に熱心に取り組みすぎて熱を出すこと。❷熱心に取り組もうという気だけ焦って大事な時に熱を出すこと。（愛知県・中1・女）

ぎざじゅう【ギザ十】 昭和三〇年までに作られた十円玉のこと。縁にギザギザがあったが、百円玉と混同しやすい為、現在の十円玉になった。「やった！　ギザ十を拾った」（石川県・高1・男）補注 実際の製造は昭和二六年〜三三年（三一年は製造なし）。某コインショップ情報によると、三二年と三三年は発行枚数が少なく、三三年ものは百円〜二百円で販売されている。それ以外のギザ十は残念ながら額面以上の価値はない。

きもち【気持ち】 ❶運動をしている人がよく使う言葉で、何かに対して一生懸命に取り組む時に常にいう。「あと二十周も走れる？」「気持ちがあれば走れるよ」❷面倒くさいことをやっていて、途中であきらめたいという感情を和らげる言葉。「課題面倒くさいよね？」「気持ちが大事だよ」（東京都・高3・男）

ぎゃふんといわせる【ぎゃふんと言わせる】 相手に参ったと言わせること。降参させること。あまり深刻ではなく、「コリャ一本取られたな」という軽い感じの降参を意味することが多い。実際に「ぎゃふん」と言っている人を見たことはないが、赤塚不二夫のマンガなどではよく使われている。（佐賀県・43歳・男）

使い勝手が悪い。調子が悪い。「それじゃあ、のうが悪い！」

くっちゃね【喰っちゃ寝】 食事や間食と睡眠とを繰り返すこと。デブになる典型的パターンの一つ。「喰っちゃ寝喰っちゃ寝してないで外で遊びなさい!!」(大阪府・高1・男)

くろれきし【黒歴史】 現在成功を収めている歌手や商品の、まだ有名でなかった過去に活動していた恥ずべき内容。表の歴史からは抹消されている。「黒歴史に載る」(大阪府・高2・男) 補注「機動戦士ガンダム」シリーズにおいて、忌まわしい戦争の過去を「黒歴史」と呼ぶことに由来。

げんてい【限定】 一般大衆の購買意欲・物欲をより一層かきたてる魔法の言葉。人々を惑わす言葉。類プレミアム(千葉県・45歳・男)

こうとうゆうみん【高等遊民】 ❶大学卒なのに、定職に就かずのらくら遊んでいる人。❷芸術を完成することを目的として、決まった職業につかず、一見遊んでいるように見える人。❸高学歴に見合う就職口のないフリーター。(香川県・50歳・女)

こじゃれた 気取らない程度に小粋なさま。「こじゃれた喫茶店を見つけた」(東京都・38歳・男)

こたつ 和風の暖房装置。入るのは簡単だが、出るのは難しい。「ねこはこたつが大好きだ」(広島県・中2・女)

こっくり ❶頭を(何度も)前に傾けては戻すこと。「こっくりこっくり居眠りをする」❷まろやかで深みがあり、クリーミーかつしつこくない口に広がるような味わいのこと。「こっくりしたミルクティー」(東京都・17歳・女)

こまものやをひらく【小間物屋を開く】 吐くことを、さまざまな品物を広げる小間物屋にたとえた表現。「ゲロを吐く」より間接的できれいな気もす

方言メモ 高知県からの投稿

【のうが悪い】

るが、かなりの量をぶちまける感じで結局汚い。「彼女は忘年会の帰り、へべれけになって電車の中で盛大に小間物屋を開いた」(神奈川県・33歳・女)

こんだん【懇談】 打ちとけて親しく話し合うこと。「三者」などがつくと、「親しい」というよりは義務的なものが多い。(広島県・中2・女)

さくっと【サクッと】 ❶サクサクした食感。❷あまり深く考え込まず、淡々と遂行する感じ。「さて、残りの仕事もサクッと片付けて、飲みに行こう！」(千葉県・41歳・女)

さんかくのり【三角乗り】 大人用自転車のペダルに足が届かない子供が、サドルと車体の三角の部分から片足を入れ自転車をこぐ乗り方。戦後物不足の頃、子供用自転車がなかったのでこのような乗り方をした。(茨城県・63歳・女) 補注 戦前・戦中からあった、という指摘多数。

三角乗り

さんもじりゃくご【三文字略語】 長い言葉を言いやすく、使いやすいように省略した言葉。もともとの五文字だった言葉を三文字に省略したもの。「なつい(=懐かしい)」、「むずい(=難しい)」など。(東京都・中2・女)

じあたま【地頭】 ❶かつらなどを被らない自然のままの頭。❷学歴などとは無関係の生まれつきの頭脳。「学校の勉強は苦手でも、地頭がいいから社会へ出るとすぐ頭角をあらわした」(茨城県・58歳)

しぼう【死亡】 ❶生命活動が停止すること。❷トイレにたどりつけなかった状態。❸ブームの去った芸能人がテレビ等に出なくなること。❹プロ野球の放送で他の番組がなくなること。(北海道・高3・男)

✎ とても。「ちかっぱめんどうくさい」

じゅんきっさ【純喫茶】 純粋にコーヒー・紅茶などを飲ませる喫茶店。アルコールを飲ませ、女給が相手する「カフェ」との差異を強調する名称。昭和二〇年代から三〇年代にかけて、日本中の都会で大流行したが、今日ではその数が激減し、言葉自体がほとんど死語となりつつある。しかし、昭和の風俗・文学・歴史を知る上では欠かせない言葉であり、ある年代の人にとっては、時代を象徴する言葉でもある。「純喫茶に通いつめた青春時代」(東京都・53歳・男)

しょくがん【食玩】 お菓子などについてくるおまけ。元々は子供をターゲットとして作られていたが、最近は二十~三十代の大人をターゲットとした物も作られている。また、お菓子よりも食玩の方が大きくなり、作りも精巧な物が多くなってきている。ジャンルも様々で、マニアの間では高額に取り引きされている食玩もある。「あの食玩は、レア物が出にくい」(広島県・高3・男)

シングリッシュ シンガポールで使われる英語。「シンガポールではシングリッシュを話す」(神奈川県・中1・女) 補注 シンガポールでは、英語のほかに中国語、マレー語が公用語として指定されており、三つの言語の単語や発音がちゃんぽんになった特有の英語が使われている。

ぜっぺき【絶壁】 後頭部が平らなこと。「僕の頭が絶壁なのは父親ゆずりだ」(和歌山県・高1・女)

せんみつや【千三ツ屋】 ❶千に三つくらいしか本当のことがない。行動も説明もいいかげんな人。❷町内の物識りな年寄りで、資格もないのに空き家・空き部屋を世話して小遣いかせぎをする人。❸暇人で人がよく、物事を頼みやすい人。珍しいものでも見付けてくれる。(埼玉県・82歳・男) 補注 ②は「商談が成立するのは千口のうちで三口程度」という意味から。

方言メモ　福岡県からの投稿

【ちかっぱ】

そじ【粗辞】 つたない挨拶のこと。自分の挨拶を謙遜して使う。「誠に粗辞ではありますがお礼の挨拶と致します」❖父が「この言葉をよく挨拶で聞くので、自分も使おうと思ったが、辞書でいくら調べても出ていない」と憤っておりました。(山形県・33歳・男) 補注 この見出し語は『明鏡国語辞典 携帯版 第五刷』に収録します。お父さん、ごめんなさい。

きたはら 本来、「粗」は「粗餐《そさん》」「粗品」など、人にすすめる物に冠する謙譲語です。「粗辞」はよく使われる語ですが、辞典に掲載がなかったのは意外です。

だいこんあし【大根足】 大根のような、白くて太い足。うぶ毛が生えていれば一層レベルが高くなる。「あのおばさんは大根足だ」「大根足のくせにストッキングもはかずに歩くなんて、正直、目の毒だよね」(大阪府・中3・女)

たそがれる 何か物思いにふける。寂しそうにする。「黄昏(=誰《た》そ彼)」からきている。「薄暗くなった夕方」を人の状態に置き換えて表現したもの。「なにそんなところで、たそがれてるの!?」(福井県・35歳・男)

たぬきのむこいり【狸の婿入り】 日が照っているのに雪が降る天気。類 狐の嫁入り(=日が照っているのに雨が降る天気)(岐阜県・高1) 補注 この意味で使うのは京都近辺が中心のよう。「月が出ているのに雨が降る」の意で使うことも。

だんご ❶みたらしあんや小豆あんなどがついていて、甘くおいしいもの。❷ポニーテールや三つあみをしてくるっと丸めて、髪の毛を整えたもの。❖リボンや、飾りのあるゴムをつけるものもある。バレエやバトンなどの発表会でよく行われる。(大阪府・中1・女)

つれ【連れ】 ❶同伴者。「彼の連れがハワイで腹痛

✎ 遊びに入れて。「鬼ごっこかたらして」

を起こした」❷夫や妻。「うちの連れは夜中遅く帰ると怒るんだよ」❸彼女や彼氏。「前の連れが自宅までどなりこんできた」❹友達。特に関西方面で使われる。「今度俺の連れを紹介するわ」❖地域や人によってとらえ方がまったく違うので注意したい言葉。（千葉県・32歳・男）

できレース【出来レース】 あらかじめ勝敗の決められた、形だけの勝負をすること。あらかじめ決められた結果に向けて行動すること。博打《ばくち》におけるイカサマや、スポーツにおいてより観客を楽しませようとする時などに行われる。「出来レースとわかっていても、今日の試合は面白かったよ」（新潟県・22歳・男）

てぐし【手櫛】 手の指を櫛のように使って髪を整えること。「風に吹かれて乱れたヘアスタイルを、手櫛でもって整える」（京都府・71歳・男）

でっぱつ 出発すること。（熊本県・高1・男）

どくえんかい【独演会】 独りで興奮してしゃべり、他人にしゃべらせる機会を与えない様子。落語など演芸・講演の「独演会」に由来。「今日の午前の定例会議はA社長の独演会で終わってしまった」（愛知県・65歳・男）

としでんせつ【都市伝説】 都市から誕生した証拠のない噂。都市という人との関わり合いが少ない虚構が生み出した迷信。（大阪府・高2・男）補注 有名な「口裂け女」はもちろん、「井の頭公園のボートに恋人同士で乗ると別れる」「耳にピアスの穴をあけると白い糸が出て、引っ張ると失明する」など類はさまざま。

とっぺん【突変】 事態、物事などがいきなり急変すること。「彼の容態が突変した」「考えが突変した」「態度を突変させた」「それまでの景色が突変した」（大阪府・57歳・男）

方言メモ ✏ 福岡県からの投稿

【かたらして】

どろん【ドロン】 その場からいなくなること。「この場からドロンさせていただきます」（福島県・高1・男）

とんでも【トンデモ】 一見本当らしいが実は迷信やネタであるもの。科学的に見えるが、科学とは一切関わりのないカルトの類。「金星人が地球に住んでいるなどという話は、すでにトンデモ科学の類」（埼玉県・26歳・男）

ながもの【長もの】 ラーメンやうどん、そば等、汁に入った麵類を指す言葉。焼そばやパスタは除く。「今日の昼は長ものにしようかな」（新潟県・32歳・女）

ぬ ❶打ち消しの語「ない」の代わりに使われる。古典文法をよく知っていると使いやすい。「食べてぬ（＝食べてない）」「今日はやる気ぬだ（＝今日はやる気がない）」❷動作が完了した時や驚いた時などに単発で用いられる。「ぬ～!!」（山梨県・高1・男／大阪府・高2・男）

きたはら ①は新しい言い方で、古典文法を知っているとかえって難しいですね。初めの例文は「食べていぬ」の縮約、二番目の例文は「気ない↓気ねぇ↓気ぬ」と変化したものでしょうか。もっとたくさんの用例が欲しいですね。②は「動作が完了した時」とあるので、完了の助動詞と考えているようですが、例文からすると、「えっ！」に近い感動詞のようですね。

ぬりえ【塗り絵】 下手な化粧を馬鹿にしていう言葉。「あなた、顔に塗り絵なんてして、どこへお出かけ？」（大阪府・高2・男）

はあ ❶ため息を表現する。「はあ…」❷相手に反感を覚えた時に用い、後に自分の意見を主張する。「はあ～？」❸相手に調子を合わせる。「はあ」❹疲労、焦り、高揚（萌え）を表現する。「はあ…はあ…」（奈良県・高2・男）

鬱陶しい。わずらわしい。「きさんは、ほんまにせからしかねぇ」

【お店を広げる】【小間物屋を開く】

バブー
あー
あー
あー
バブ？
こんなにお店広げちゃってー
酒飲んで道に小間物屋開いてるオッサンに言われたくない…
しょーがないなーもー

【都市伝説】

歌手のAって腹割れメイクしてるらしいよ
腹筋描いてんだって
えー！
都市伝説だろー
まオレなんかマジで腹割れてっけど
横に
ブルンブルン
アハハハハハ
…トシ伝説ね…
こないだ胸と間違えて彼女の腹もんじゃって…
このありさまよ
うわー
…ドジ伝説…
ふー
まスタアはいろいろあるからね
トシちゃん伝説…
…

方言メモ 福岡県からの投稿

【せからしい】

ばカップル【バカップル】 周囲の人間があきれるぐらいに、いちゃつく夫婦・恋人同士。自分たち以外のことはまったく気にせず行動する二人。「バカ」と「カップル」を合わせた造語。「あそこのバカップルが出口をふさいでいる」(愛媛県・30歳・女)

はなきん【花金】 「花の金曜日」を略したもの。「明日は花金だ、飲みに行こうぜ！」(北海道・30歳・女)

はりせん【ハリセン】 厚紙を表と裏に交互に折って作った、物を打つと心地良い音が出る物体。主として、漫才のツッコミに使用する。「彼がボケるとほぼ同時に振り上げられたハリセンが小気味良い音を立てた」(神奈川県・中2・男) 補注 もとは能楽や講談、上方落語で叩いて音を立てるためにつくられた。これら古典芸能では「張扇」と表記し、能楽では「はりおうぎ」、講談では「はりせん」と読む。お笑いでは「ハリセン」「張り扇」。

ひっつきむし【ひっつき虫】 夏の路上など、様々なところに生えていて、服や動物の毛に実などがひっつく草花のこと。またその実。「ひっつき虫が服についてるよ」(岐阜県・高1・男)

ひっつき虫

ひにちぐすり【ひにち薬】 傷は日数が経てば自然と良くなっていく。入院したとき看護師さんに言われグッときました。「心配しなくても傷はひにち薬で良くなりますよ」(愛知県・46歳・女)

ひらいしん【避雷針】 ❶落雷被害を避けるための金属棒。❷八つ当たりを受ける人。「補導された少年は夫婦喧嘩の避雷針でした」(大阪府・30歳・男)

フィルター 何でもない言葉や現象を、その人の趣味や考え方にそった内容に頭のなかで無意識に変

肌寒い。「今日はすーすーすっ」

換してしまう機能のこと。（群馬県・高1・女）

フォークならび【フォーク並び】 数カ所あるレジや、銀行のATMを混雑時に使用する際の並び方。一列に並んだ先頭から順番に、次々に空いた所を利用する様子が、フォークの形に似ていることから。婦人用トイレでも使われることがある。スマートでスムーズな並び方。（大阪府・44歳・女）

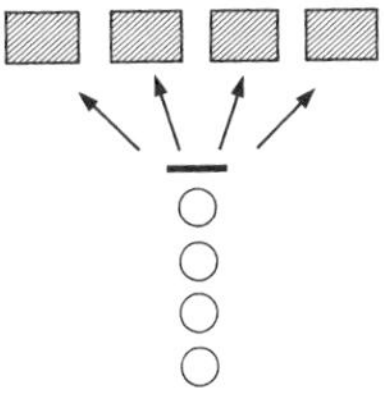

フォーク並び

ふだんづかい 衣服や装飾品など日常的に使用する物。カジュアルに使用する物。「ブランド物だがふだんづかいにしているアクセサリー」（兵庫県・男）

プチ かわいい、ちょっとした、小さいの意。名詞に「プチ」を付けると、どんな言葉でも意味があいまいにごまかされ、悪気のないものになったような錯覚に陥る。「プチ家出」「プチ整形」（石川県・31歳・女）

ブラックホールてき【ブラックホール的】 非常に腹黒い人格や発言のこと。どちらかというと親しみを込めて使われる。（大阪府・中1・女）

ペアルック ペアで同じ服装をすること。昔、恋人同士がペアルックをするのは普通だったが、今では恥ずかしくてほとんどしない。街中で恋人同士のペアルックを見かけたら、あまりジロジロ見ず、通りすぎてしまうのがいい。（静岡県・中2・女）

ポエマー 詩を書く人のこと。「恋する乙女はポエマーになるんだね」❖現実逃避して夢見がちな人に対する皮肉の意味でも使われる。（栃木県・中3・女）

ほっこり

❶じゃがいもなどをふかした時に水っぽくなく、中身が充実している

方言メモ 佐賀県からの投稿

【すーすーすっ】

状態、様子、その食感。❷優しさ、嬉しいこと、有り難いものに、出会ったりふれた時にふとなごむような、あるいは温まるような心のありようを表した言葉。「故郷からの母の手紙の文字に久々に心がほっこりした」(北海道・44歳・女)

きたはら　「ほっこり」は意味の幅のとても広い語で、気持ちが晴れたり、事が片づいてすっきりしているさまという意味はすでに辞典に載っていますが、②はこれとは違った新しい意味です。しかも語釈がとても行き届いていて、ふかし芋のような温かさがうまく伝わってきます。

ぼったくる ❶他の店の商品と同じようなものを売っているのに、値段が高いこと。「この店の自動販売機はぼったくりだ」❷値段の割に中身がうすいこと。「高額なダイエット食品を買ったのに、いまいち効果がない。ぼったくられた」(大阪府・高1・男)

ほねかわすじえもん【骨皮筋衛門】 細くガリガリな人のこと。ひょろひょろの人。「それ以上やせたら骨皮筋衛門になるぞ」(岐阜県・高校生・女)

ぼる【ボる】 「ぼったくる」の略。人のものを不当に奪いとること。「俺の消しゴム、ボっただろ!」「借りただけだよ」❖主に若者や裏社会の人間が使う。(埼玉県・高3・女)

マイブーム 個人が一時的に持つ興味や趣味のこと。世間の流行とある程度ずらすことによってアイデンティティーを満足させる効果がある。大抵は一過性のもの。(神奈川県・高2・女)

マダムキラー 笑顔がさわやかで、たまに幼さを見せつけて、年上の奥様方を落としていく人。年上の奥様方に人気がある。❖主に三十歳未満の男性。(北海道・高2・女)

まったり ❶もとは京都を中心とする関西地方の方

✎ そしたらね。ばいばい。(友達との別れ際に)「そぃぎー」

言で、薄味で、中庸で、まろやかな味を意味する。❷最近はドロッとしたこくのことを表す。（兵庫県・13歳・女）❸のんびりゆっくり、気分穏やかに過ごすさま。（大阪府・27歳・女）❹熱い茶や和菓子などを食べ、心を落ち着かせ、一息つくこと。「そう焦らず、まったりといこうじゃないか」「会社でそんなにまったりしていると、クビにするよ」（神奈川県・高1・男）

きたはら 本来は「味わいがまろやかで、こくのあるさま」を表す言葉ですが、それを「動作」や「場の雰囲気」を表す言葉として用いているのが②と③。「ほっこり」同様、新しい意味ですね。

むっつり【ムッツリ】 自分の欲望を表に出さない人のこと。「あの男子はムッツリだ」（栃木県・中3・女）

もりさがる【盛り下がる】 「盛り上がる」の逆。言動によって場を白けさせたり、せっかくの雰囲気をぶち壊してしまうこと。興ざめ。「お前の余計なひと言のせいでパーティーが盛り下がってしまった」（宮城県・35歳・男）

もんぜつ【悶絶】 死ぬほど恥ずかしい時に使う。「もう悶絶」（広島県・高3・男）

ゆきさばく【雪砂漠】 積もった雪が、風や地形などの影響で砂漠のようになる現象。「今年もいろんな雪砂漠ができてるなぁ」（和歌山県・中3・女）補注 雪が砂漠のように地表をなめらかに覆っていたり、風紋ができている時に使われる。写真界での使用例多し。

ゆめおち【夢オチ】 小説や漫画で、今までの話がすべて誰かの見ていた夢だったという結末になること。人気のない漫画が打ち切られる時に用いられることが多い。（熊本県・高1・男）

よびぐん【予備軍】 ❶本隊を後方から支援する軍隊。❷予備兵で編成された軍隊。❸未だ顕在化はし

方言メモ　佐賀県からの投稿
【そいぎー】

ていないが、潜在的にその状態になる可能性を秘めている、もしくは現にそうなりつつある集団。「糖尿病や肥満などの成人病予備軍が、最近では小学生にまで増えつつある」❖「～予備軍」の形で多く使われる。（東京都・30歳・男）

ランドルトかん【ランドルト環】 視力検査に使用する、輪の一部が欠如した記号。「ランドルト環は五メートル離れて見るのが正式」（大阪府・38歳・女）

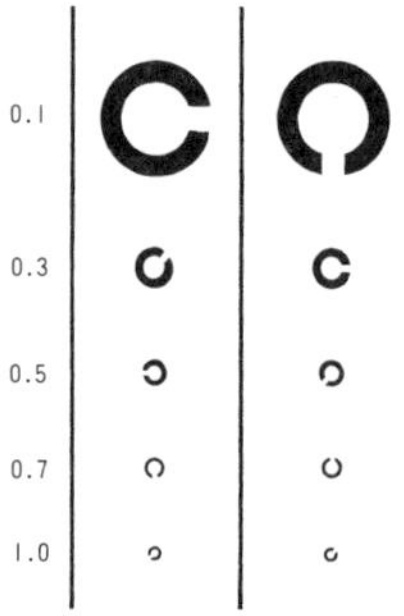

ランドルト環

ロハス 健康でエコな生活だが、どことなくエゴなエコ・ライフ。地球に優しく、自分にも優しいエコロジーな生活。「ロハスな彼女」（東京都・29歳・男）補注「Lifestyles Of Health And Sustainability」の略。健康な生活と環境保護を優先した、ヒトと地球が共に持続できるライフスタイル。

生まれてきたら
自分の未来が
目の前に
あって
ショック
うけたよ
いい意味で

7 言葉さまざま作品集

①辞書は創作　②辞書は人生

①辞書は創作

あおいろはっこうダイオード【青色発光ダイオード】 ❶青色を呈する発光ダイオード。❷あまりに偉大であるがために、骨肉の争いや、賛否両論の混乱を巻き起こす業績。（東京都・35歳・男）

あしキタス【アシキタス】 さまざまな交通網が発達し、それぞれが一つにつながりいつでも利用できること。「ユビキタス」が情報通信のことを示すのに対して、こちらは交通（＝アシ）について示している。「今は昔に比べてアシキタスな世の中になったなあ…」（神奈川県・24歳・男）

あひるごはん 朝食と昼食をまとめて一食で済ませること。「今日は寝坊したので、あひるごはんだった」（三重県・高1・男）

きたはら 現代の食習慣から生まれた言葉ですね。「ブランチ」と同じ趣向ですが、「あさ」と「ひる」を融合させて作った「あひる」が「家鴨」と同音となって駄洒落的な傑作が誕生したということですね。

あれガネーゼ 知ったかぶりをしている人のこと。ど忘れや知ったかぶりをして、その物や名前などの言葉が出ず、「きのうのあれ見た？」「ああ！　あれね、あれ知ってる」など、「あれ」という言葉でごまかす人のこと。（栃木県・中3・女）補注「東京の白金《しろかね》に住むハイソなお嬢様・若奥様の呼称「シロガネーゼ」のもじり。

アンチトリビア 「へぇ」だけで終わらせない。しっかり伝えていく。「この情報をアンチトリビアとして、友達に伝えていけたらと思う」（神奈川県・高2・女）補注「明日使えるムダ知識」を取り上げた人気テレビ番組「トリビアの泉」のもじり。

食べすぎて胸がむかむかする。「ケーキ食べすぎてどっきりした」

いいいみで【いい意味で】（非難の直後に付加することで）非難を賞賛に変える慣用語。語自体に意味はない。非難の言葉が長ければ長いほど、効果が薄れる。「君って馬鹿だね。いい意味で」（大阪府・30歳・男）

いえナリエ【イエナリエ】 周りにたくさんイルミネーションを飾り、人に見てもらうように開放している家。「クリスマスになるとあの家はイエナリエになるね」（和歌山県・高1・女）補注 阪神・淡路大震災犠牲者への鎮魂の意を込めて灯されるイルミネーション「神戸ルミナリエ」から。

いしゃでべんごし【医者で弁護士】 ❶ミスをしても大丈夫そうな人。❷かなり偉そうな人。「彼は医者で弁護士のような人だ」（熊本県・高1・男）

いたらんきのう【いたらん機能】 洋服などで、見た感じはかっこいいのに、買おうとしてよくよく見ると入っていたりする変な刺繍《ししゅう》など。「なんだこれ？　まじいたらん機能やね」（福岡県・22歳・男）

いっきゅうさん【一休さん】 物事を屁理屈で解決しようとすること。「お前一休さんすんなよ」（福岡県・中3・男）

いぬのそっとう【犬の卒倒】 犬（＝ワン）＋卒倒（＝パターン）で「ワンパターン」という意味。「あの人の芸っていつも犬の卒倒だよね」（東京都・中学生・女）

いぬぼうさき【犬吠埼】 音痴の意。千葉県銚子市のはずれにある岬の名が「犬吠埼」であることから転じて、銚子のはずれ＝調子はずれ、となった。（千葉県・26歳・女）

きたはら 「犬の卒倒（＝ワンパターン）」もそうですが、こういった言葉遊びは、日本人の伝統的

方言メモ　長崎県からの投稿

【どっきり】

な手法です。私などが使うと、すぐに「オヤジギャグ」だと退けられてしまいますが（笑）。

いみなしお・いみなしこ【意味なしお・意味なし子】 意味のないことを指す時に使う言葉。「問題集買ったけど、一度もやってないよ」「うわぁ、それって意味なしおじゃん」（栃木県・中3・女）

エリマキトカゲ 「ハロゲンヒーター」の別名。「エリマキ」とも。「エリマキトカゲの首こっちに向けて」「エリマキのコンセント差し込んで」（香川県・高3・女）

エロかっこわるい【エロかっこ悪い】 ズボンのチャック全開で通勤電車に駆け込むオヤジのさま。（静岡県・32歳・男）［補注］はやりの「エロかわいい」も、オヤジの手に掛かればこのありさま。

おばパー【オバパー】 おばさんたちがかけるパンチの効いたパーマ。（茨城県・23歳・女）

おやすみだ【おやスミダ】 韓流にハマった母が寝る前に言う言葉。韓国語っぽいところがミソ。（北海道・高校生・女）

おれナビ【オレナビ】 カーナビゲーションの代わりに地図を見ながら目的地へ行くこと。（山形県・39歳・女）

おんどぅるご【オンドゥル語】 非常に滑舌が悪くて何を言っているか良くわからず、未知なる言語に聞こえる言葉。例：「お身体は大丈夫ですか？」「オデノカラダハボドボドダ！（＝俺の身体はボロボロだ！）」（静岡県・高校生・男）［補注］「仮面ライダー剣《ブレイド》」の主人公のセリフ「本当に裏切ったんですかー」が、滑舌が悪いため「オンドゥルルラギッタンディスカー」と聞こえたことに由来。

落っこちる。「棚から時計がおっちゃけた」

がいこくのてんき【外国の天気】 自分に関係ない、興味がまったくないために、あまり気にならないこと。「倖田來未よくない？」「いやぁ、外国の天気やで」「お前サッカーとか興味ないの？」「外国の天気やな」(大阪府・高2・男)

かくにけい【角煮系】 大きい人、太っている人。「あ、角煮系だ!!」❖学校などで使う。(福島県・中1・男)

かにぼこ【カニぼこ】 「カニかまぼこ」の略。「カニぼこ食べすぎた」❖普通は「カニかま」と略す。(大阪府・高1・男)

がらもん【ガラモン】 ❶怪獣の名前。❷柄物の服のコーディネートの極致、またはそのような服装をしている人物。花柄と豹柄など、凡人には考えもつかない組み合わせを着こなす。中高年女性に多い。「見て！　すごいガラモン！」「あっ！　お母さんだ」(北海道・48歳・女)補注 昭和四〇年代にテレビ放映された「ウルトラQ」に登場した、ロボット怪獣・ガラモンから。

がりがりくん【ガリガリくん】 ❶アイスの名前。❷やせた人に対するあだ名。「よっ。ガ〜リガ〜リくん！」(三重県・中3・男)補注「ガリガリ君」は二〇〇六年で発売二十五周年を迎えた赤城乳業のアイスの商品名。現在十一種類の味で展開中で、姉妹品として「ガリ子ちゃん」「シャリシャリ君」がある。

きょうとがお【京都顔】 しかめっつら、機嫌の悪そうな顔。「今日、お前、京都顔じゃん」(山梨県・高2・女)補注 あくまでも投稿者のイメージ。念のため。

くちだけばんちょう【口だけ番長】 言葉だけはすごいことを言うが、実際は何もしない。できない。やらない。「またあんなにすごいことを言ってるよ。相変わらず口だけ番長だな」(神奈川県・40歳・男)

方言メモ　長崎県からの投稿

【おっちゃける】

グリにん【グリ人】「グリコ人間」の略。グリコのお菓子のおまけと同じように、ある人を呼べば必ずついてくるおまけ人間のこと。「私は二人だけの内緒話をしようと思ってAさんを呼び出したのに、Aさんのグリ人であるB君までついてきてしまった」（大阪府・中1・女）

くるっぽー【クルッポー】ハトのこと。「あっっ、クルッポーが飛んでる」（愛知県・中3・女）

クルッポー

げっパー・へっパー【ゲッパー・ヘッパー】【ゲッパー】普段から人前でゲップをするのが定着している人。【ヘッパー】普段から人前で屁をするのが定着している人。（神奈川県・高2・男）

げろりんぱ【ゲロリンパ】飲みすぎて記憶をなくしてしまった状態になること。「昨日飲みすぎでゲロリンパだった」（北海道・高専3・男）

こくしょう【黒笑】腹の内でよからぬことをたくらんでいる時にうかべる笑みのこと。（静岡県・高3・女）

ゴンザレス「ごめんなさい、とっても反省してます」の意。「ふざけるな！」「ゴンザレス」「赦《ゆる》す」（京都府・中2・男）

コンディションレッド 自分が今ピンチ。自分が普通の状態ではない。「今日暑すぎやし。コンディションレッドや」「暴走族に囲まれたぁ～。コンディションレッド～」（宮崎県・高2・男）

さぼりジニー【サボリジニー】サボってばっかりな人のこと。「あいつサボリジニーやで！」（大阪府・高1・男）

✎ 幽霊。おばけ。「早く寝ないとあもじょが出るぞ！」

さむすん【サムスン】 寒いこと。冬によく使われる言葉。「今日は、本当にサムスンやし」（三重県・高1・女）

さんさま【三様】

ヨン様（ペ・ヨンジュン）・若様（氷川きよし）・雅子様の総称。奥様方が飛びつく恰好《かっこう》の話題。（大阪府・高2・女）

ざんばらざん 髪の毛がざん切りになっていること。ぼさぼさになっていること。「朝起きたら髪がざんばらざんになっていた」（大阪府・高2・女）

しっパーマ【失っパーマ】 失敗したパーマ。「あの人のパーマ失っパーマじゃない？」（山梨県・高3・女）

しゅっけボーイ【出家ボーイ】 坊主の男の子のこと。「あの子は最近、出家ボーイになった」（大阪府・中2・女）

しょうがつまんざい【正月漫才】 同じことのくり返しという意味。「彼の言ったことは正月漫才だ」「父がすることは正月漫才だ」（兵庫県・中2・男）

じょうもんにんげん【縄文人間】 考え方がとても古い、古典的な人。それでいて納得できる性格の人。「君は本当に縄文人間だね」（東京都・中3・女）

しょりき【処理機】 残っている食べ物などを食べて片付けてくれる人のこと。「処理機、このご飯食べて」（佐賀県・中2・男）

すてかん【ステカン】 ❶「素敵な勘違い」の略。❷他人が勘違いをした時に、その人を傷つけずに勘違いだということを伝えること。「君が言っていることステカンだよ」（鹿児島県・高3・男）

方言メモ　長崎県からの投稿

【あもじょ】

せいしんてきちちをだす【精神的乳を出す】 好きな人の前で色気を出す、女らしさをアピールすること。（滋賀県・中3・女）

セレブ ❶当初は著名人などを指す「セレブリティ」からきた言葉だが、そのうちお金持ちの人々を指すようになり、さらに言葉が浸透するにつれ、ちょっと贅《ぜい》沢《たく》をしただけで「セレブになる」などと使うようになり、小金持ちくらいの一般人を指す言葉になった「成り下がり」言葉。（東京都・35歳・男）❷世界三大珍味を毎日のように食べるような、一般人がうらやましがるような生活をしている人のこと。大富豪。「あの人、毎日のように、リムジンに乗って、パーティーに行っちゃって、すっごいセレブだね！」（秋田県・中学生・女）❸有名なだけで、食いつないでいける人。（静岡県・高3・男）

セレブけん【セレブ犬】 ❶人間以上に良い扱いをされている犬。❷ブランド物の首輪、リードや服など必要以上に高価な物を身に付けている犬。❸完璧にしつけられており、行儀がよく人にもほえない品のある犬。❹マッサージやエステに通わされている犬。（岐阜県・高3・女）

ぜんべいがないた【全米が泣いた】 感動的な洋画が日本に上陸する際、この言葉が煽《おあ》り文句として使われることから、転じて、非常に感動したことを示す。（大阪府・高1・男）

ソフラン ❶柔軟剤の製品名。❷頭の柔らかい人。「この人ソフランだねぇ」（愛知県・高3・女）

たかい【他界】 ❶まるで死んでいるようにぐっすり寝ている人や、その状態のこと。「昨日他界してたね」（山口県・高2・女）❷ボーッとしてどこを見ているかわからない様子。話を聞いていない様子。「あ、ごめん今ちょっと他界してた」「大丈夫？　他界してたで」（奈良県・高2・女）

✎おやつや軽い食事。「疲れた、よけまんするか」

たかんしょう【多干渉】 いちいちムダに干渉してくる人のこと。執着心が強く、暑苦しい人。❖同音語に「多汗症」がある。（神奈川県・中3・女）

たくわん すごく地味でたくわんみたいに素朴な人。「お前、たくわんじゃん」（山形県・中2・男）

たけだ【武田】 徹夜すること。「武田鉄矢」に由来。「テストまであと一日だから、武田しなきゃ!!」（熊本県・高2・女）

だぜ!! 今や死語と化してしまった言葉。多少格好つけているつもりかもしれないが、この言葉を使われるとなぜか気持ちが冷める気がする。「オレのハートを奪ったのはお前だぜ!!」（千葉県・中3・男）

だめたくみのわざ【駄目匠の技】 すごい技術ではあるが素直に感心できない技。AVのダビング編集技術など。（神奈川県・25歳・男）

チャンピョン （主に「～チャンピョン」の形で）一番のこと。「運動会チャンピョン」「国語チャンピョン」（愛媛県・中1・女）

ちょこばしり【ちょこ走り】 足の回転が速くて歩幅がせまい走り方をする人。「あの人すごいちょこ走り!!」（宮崎県・高1・女）

ちょびげ【ちょび毛】 髪の毛の一部分がちょっと出ている感じ。「ちょび毛が出てるよ」（埼玉県・中2・男）

ちりとり 地名だけでしりとりをする、「しりとり」の地名バージョン。（東京都・高1・女）

ついてこーい!! 周囲のノリが悪い時か、自分だけが盛り上がっている時に使う。A「イエーイ!!」B「……」A「ついてこーい!!」（北海道・高3・女）

方言メモ 熊本県からの投稿
【よけまん】

でこっぱち　額が光っている様子や、そのような人を指す。「お前はでこっぱちだ」（千葉県・高2・女）

でっぱー【デッパー】　出っ歯の人のこと。転じておしゃべりな人のこと。（埼玉県・高2・男）

デビュー　靴下に穴があいて、親指または人差し指が外へ出ている状態。（愛知県・高3・女）

テンションたかしまや【テンション高島屋】　テンションが上がってくる。テンションが高い状態。「オレ今テンション高島屋やぁ」（京都府・中3・男）

とうふ【豆富】　漢字からくる悪いイメージを一新したいという、業界で起こったイメージアップ作戦の一例。スーパーなどで商品プレートによく書かれている言葉。（福井県・高1・男）補注 ふつうの表記は「豆腐」。

どげね【土下寝】　土下座の最上級。相手が土下座でも満足しない時に使う。プライドを完全に捨てる最後の手段。「とんでもないミスをしてしまったので土下寝して謝った」（大阪府・高1・男）

なごやじょう【名古屋嬢】　名古屋近郊に生息する若い女性。大学は主に金城、淑徳などに通い、巻き髪（名古屋巻き）のキープに命をかける。常に大きなバッグ（ブランドのトート）の中に、ヘアーアイロンを忍ばせる。一見優雅で上品だが、口を開いたら名古屋弁。名古屋でしか通用しないお嬢様かも？　でも、雑誌には見た目しか載らないから大丈夫。究極のビジュアル系。「名古屋嬢は個性がないのが個性です」（愛知県・13歳・女）

ナチュラルヘアー　天然パーマ。❖聞こえをよくしたい時にどうぞ。（青森県・中3・男）

ななケーしょくば【7K職場】　きわめて条件

出入口の扉をきちんと閉めること。「あとぜきをきちんとしなさい」

の悪い職場。汚い・きつい・危険・厳しい・臭い・休日が少ない・給料が安い、の頭文字より。（北海道・25歳・男）

なまティー【なまT】 名前が書いてあるTシャツ。（大阪府・高1・男）

にやりズム【ニヤリズム】 常にニヤけていることをモットーとしている人。「彼はニヤリズムだ」（静岡県・高1・男）

にんげんトーマス【人間トーマス】 走ることが大好きな人たち。「走ることが好きやけん。オレ、人間トーマスやん」（福岡県・高3・男）

ネイチャーコールズミー【Nature calls me.】 トイレへ行くこと。（大阪府・高2・男）

きたはら　これは歴とした英語です。英語の授業で習ったか、辞典を調べていて出合ったかして、みんなで使うようになったのでしょう。以前、横浜の市外局番「045（＝オシッコ）」に言いかけて、「横浜に行く」という言い方がありました。

ねずじんぱち【寝ず甚八】 寝ないで頑張ること。「宿題が終わってないから今は寝ず甚八やな」（大阪府・中2・男）

ねむねむきん【ネムネム菌】 ❶春の暖かな午後、縁側で縫い物をしていると、「ネムネム菌」が来て、いつのまにかコックリコックリ。❷授業中、いつのまにかあそこもここもコックリコックリ。「あっネムネム菌が広がってる」（愛知県・女）

ばかーナビ【バカーナビ】

新しい道路や店が登録されていない、極端に回り道をするなど、持ち主の思い通りに動いてくれないカーナビの呼称。方向音痴の持ち主がカーナビに振り

方言メモ　熊本県からの投稿

【あとぜき】

回されて迷ってしまう現象が多い。「今度の旅行はバカーナビと一緒だから、なんとかたどり着くだろう」(鹿児島県・30歳・女)

はっくしょん！ 対戦ゲームで自分が負けそうになると、これを言ってリセットボタンを押す。バレない。(三重県・中2・男)

パッション ❶濃い化粧のこと。❷芸術作品のこと。❖「情熱」ともいう。(大阪府・高1・女)

はっぽうきじん【八方鬼人】 どこを向いても鬼のようににらんでくる若者のこと。(岐阜県・高3・男)

ばばシャツ【ババシャツ】 色が地味で、服の下に隠して着る防寒用の下着シャツ。「ババシャツを着て、寒さをしのぐ」(滋賀県・中2・女)

ばばタンク【ババタンク】 バキューム車。「最近では、あまりババタンクを見かけない」(岐阜県・高3・男)

ばばラッチ【ババラッチ】 「おばさん」+「しつこいパパラッチ」=「何にでも首をつっこんで口を挟むうるさいおばさん」の意。「ババラッチに追い回されてクタクタだよ」「またババラッチがトラブルを起こしているらしい」(山口県・29歳・女)

ババタンク

はら・へったー【ハラ・ヘッター】 「ハリー・ポッター」のもじりで、お腹が空いた時にさりげなく使う。(和歌山県・中2・男)

バレリーナ バレバレなこと。「そこに隠れてんのバレリーナやで」(大阪府・高1)

めんどうくさい。だるい。「だご宿題が多い、あくしゃうつー」

ぴしゃお【ピシャ男】 相性がよい、話の合う男性のこと。「ピシャ男に出会いました」（埼玉県・高3・女）

ビッグ【BIG】 ❶大きい、強くてかっこいい。❷B＝貧乏、I＝嫌なら、G＝がんばろうの意味。（神奈川県・中1・男）

びっくりドンキー 驚き。初めて知ったことで驚いて動揺した時に使われる若者語。ハンバーグレストラン「びっくりドンキー」の店名から。「びっくり」が強調され、「ドンキー」をつけることによりややウケをとる効果がある。「あいつとあの子が付き合ってるんだよ」「えっマジ、びっくりドンキーなんだけど」（東京都・高3・男）

ひもなしバンジー バンジージャンプをひもなしでやること。自殺行為に等しい。「ひもなしバンジーは危ないのでやめましょう」（岡山県・中1・男）

ビリお【ビリ男】 年収十億円以上を稼ぎ出す男性のこと。「billion（十億）」と「男」の合成語。「ビリ男と結婚したい」（埼玉県・高3・女）

ファクション ファクト（fact＝事実）とフィクション（fiction＝創作）の中間の事実小説（faction）。（京都府・中1・男）

ふつうのこ【ふつうの子】 ふつうの子供のように見えて実はふつうでない、危険な子ども。「（事件後、近隣の人のインタビューのセリフで）彼はふつうの子でした…」（神奈川県・高2・女）

ふとレス【フトレス】 太っている人が感じるストレス。「彼はフトレスが溜《た》まっている」（新潟県・14歳・男）

ブラがり【ブラ狩り】 知人のブラジャーのホックを楽しくはずすこと。「おまえのブラを狩ってや

方言メモ　熊本県からの投稿

【あくしゃうつ】

る」(千葉県・中2・女)

ぺ フランス語でオナラ。「ぺしちゃった」❖これだと、あまり恥ずかしくない。(神奈川県・中1・女)補注フランス語で「pet」と書いて「ペ」。

ペキン【北京】 中国の都市北京のように、道いっぱいに並んで自転車をこいでいる人々の様子。「この道は毎朝高校の生徒で北京になります」(埼玉県・中3・女)

きたはら つい最近、北京に行ってきましたが、自転車はとても少なくなりました。別の地名を考えなくてはいけませんね。

ベラしょん【ベラション】 人目を気にせずベランダからおしっこ(小便)すること。「あいつの兄弟みんなベラション大好きらしいよ」(福島県・15歳・男)

べんじょみんぞく【便所民族】 トイレを溜《た》まり場にしている人々。特に女性が多い。「あのトイレには便所民族が多いな」(三重県・高1・男)

ぽっきー【ポッキー】 ❶夏に日焼けをして、靴下を脱いだ時やタンクトップを着た時に、半袖・靴下の痕《あと》だけ白くてあとは黒くなっていること。黒いところがチョコの部分で白いところがチョコが塗ってない部分。「今年も日焼けをしてポッキーになってしまった」(兵庫県・中3・女)❷骨の折れやすい人のこと。(兵庫県・中2・男)

ポマード 口裂け女を見つけた時に言う言葉。三回言うと口裂け女が逃げる。(兵庫県・高2・女)補注口裂け女は、一九七九年春〜夏に日本で爆発的に広まった都市伝説で、マスクをした若い女性が学校帰りの子供などに「わたし、きれい?」とたずねながらマスクを取る。するとその口は耳元まで大きく裂けているというもの。口裂け女から無事逃げるためのアイテム・言葉とし

✎ 落ち着きがなくいつもそわそわしている子供。「このがさごが静かにしろ」

て「べっこう飴《あめ》」と「ポマード」がある。

ボルケーノ ❶火山のこと。❷にきびがたくさんある人のこと。「あいつ、ボルケーノじゃん！」（静岡県・高1）❸激しい萌え。「ボルケーノですよ、ボルケーノ！『萌え』なんて甘っちょろい言葉じゃ済まされんとですよ！」（東京都・高1・女）補注③の用法はHYDEファン・ハナヤさんのブログで初登場。

まいちょうしんぶん【毎朝新聞】 ドラマ等に登場する架空の新聞。（福島県・73歳・男）

マックス ズボンがぴっちりしているだけでなく、お尻にめり込んでいること。「きゃーっ！　あの人マックスや」（愛媛県・15歳・男）

みのもんたしょうこうぐん【みのもんた症候群】 医学界の一部で密かに呼ばれている現象。実際は何でもないのに、「おもいっきりテレビ」で放送された当日もしくは翌日から一週間程、大量の視聴者（主に中高年女性）が「自分も同じ病気では？」と次々と病院に診察を受けに来る現象。（東京都・高1・女）

むないた【胸板】 おっぱいが無い（小さい）のに「あるよー」と言う人のこと。「胸板なのにAちゃんはもててイイよねぇー」（福島県・高3・女）

メーカーもの

若い人がいうところの「ブランド」を指す言葉。年配層が使う。「今日着ている洋服、全部メーカーものなの？」（北海道・44歳・女）

メンちく 「メンズ（＝男）」＋「乳首」を合わせた言葉。不要なもの。男の乳首は一生のうちで使うことがないことから。「このプリント、メンちくだから捨てて！」（山梨県・高2・女）

方言メモ　大分県からの投稿
【がさご】

めんどリアン【メンドリアン】 ❶何かやる時、いつも面倒くさがる人。❷欲のない人。❖「面倒」とオバタリアンの「〜リアン」をかけあわせたもの。（長野県・高2・女）

もうそうぞく【妄想族】 ❶すぐに妄想してしまう人たちのこと。❷妄想が激しい人たちのこと。❖友達同士で楽しい雰囲気の時にふざけて使う言葉。相手に向かってではなく、自分に使うことが多い。「うちら妄想族じゃん」「あたし妄想族だから」（広島県・高2・女）

もうどうにもとまらない【もうどうにも止まらない】 ❶どう頑張っても止めることができないこと。❷ものすごい勢いで行動すること。（大阪府・中2・男）

もーむす【妄娘】 妄想娘。妄想が得意な子、よくする子のこと。❖妄想によって作られたメールを「妄想メール」という。（静岡県・高1・女）

ももひきデビュー 初めてももひきをはくこと。保温や防寒用のズボン下で、昔は若者には馴染みがなかったももひきだが、機能性やファッション性の向上、ウォームビズや寒波の影響から若者にも広がった。「あまりの寒さに、ももひきデビューしたよ」（長野県・41歳・女）

ゆうやけでんき【夕やけ電気】 オレンジ色の小さな電気のこと。怖がりの幼い子は、全部消してしまわずにこの「夕やけ電気」にしたままで寝ることが多い。（兵庫県・高2・女）

ヨンゲルけいすう【ヨンゲル係数】 韓国人俳優ペ・ヨンジュンの愛称「ヨン様」と、家庭における食費の割合を示す「エンゲル係数」を掛け合わせた造語。ヨン様にはまった主婦が、家計のみならずへそくりまで投じてペ・ヨンジュングッズ（写真集、D

たくさん。「てげお菓子もらった」

VD、CM出演商品など）を購入し、家計を圧迫するさま。「ヨンゲル係数が高い」（大阪府・39歳・女）

ヨンフルエンザ　韓国人俳優ペ・ヨンジュンの愛称「ヨン様」と、流行性感冒である「インフルエンザ」を掛け合わせた造語。主に主婦層を中心に起こる現象で、ヨン様に「はまった」状態をさす。熱にうかされたように出演作のビデオ・DVDに時間を忘れて観入り、CM出演した商品を買いあさり、ポスターを貼りまくる。重症化するとネットオークションに手を出し、韓国の映画撮影現場にまで押しかけ、家庭を顧みず不和に至る。治療法は無い。（大阪府・39歳・女）

リバース

大量に酒を飲んだ後に気分が悪くなり、嘔吐《おうと》すること。人前で嘔吐する場合は「マーライオン」と呼ばれる。「忘年会で飲みすぎて駅でリバースしちゃったよ」「俺も朝起きてリバース」（埼玉県・24歳・女）

レバーけい【レバー系】　膿《う》んでいる傷口のこと。「えっ、それまぢレバー系で痛そう」（千葉県・高2・女）

②辞書は人生

あきやすみ【秋休み】　幻の休みのこと（誰か作って）。（大阪府・高1・男）

あぎょう【あ行】　愛に飢えている男。あい（愛）うえ（飢え）お（男）から。（埼玉県・高2・男）

うっちゃりこん【うっちゃり婚】　女性が、三十歳になるぎりぎり手前で結婚できたこと。「私はうっちゃり婚で勝ち組女よ」（愛知県・28歳・女）

方言メモ　宮崎県からの投稿

【てげ】

エムのひげき【Mの悲劇】 おでこの生え際がちょうどM字に禿《は》げ上がること。「あんたもうMの悲劇だね」(熊本県・16歳・女)

Mの悲劇

エンジェルけいすう【エンジェル係数】 家庭において、収入に対する子供の養育費が占める割合を示す。少子化に伴い、被服費、教育費などで増加傾向にある。「子供が受験世代となり、我が家のエンジェル係数は増える一方だ」(東京都・34歳・男)

おおおく【大奥】 女性ばかりの職場や世界などで、嫉妬《しっと》や妬《ねた》みから、泣かす者と泣かされる者、強い者に取り入って難から逃れる者、どちらの味方もせず中立の立場をとる者などに分かれ、複雑な人間関係が起こる場所。「ここは大奥だから、気を付けた方がいいよ」(長野県・41歳・女)

おかあさんぎんこう【お母さん銀行】 母親が「銀行に預けておくからよこしなさい」と言ってお年玉をだまし取り、自分自身で使ってしまう詐欺行為。また信頼できないものの意。(茨城県・35歳・女)

おかんアート 牛乳パックや広告紙などで作る、イスや鶴の置物、カゴなど、母の知恵が詰まったアート(工作)のこと。「うちの母は、おかんアートをしている」(宮城県・中3・男)

おかんアート

おかんクライシス

一人暮らしの学生の家に突然母親が現れること。彼女(または彼氏)の歯ブラシや、エロ本などが部屋に散乱した状態で、母親が息

ほどほど。「勉強はてげてげにして、もう寝なさい」

【ふつうの子】

よい子
カリカリ
悪い子
おらおら
ヨシオー
金かせよ
おらァー
やめてー
ふつうの子
ニヤリ
めがねかけちゃうぞ
おらー

【うっちゃり婚】

うっちゃり婚
勇み足婚
結果オーライ!!
水入り
おおおおおおおおおおおお
…と このようにゴーインな取り組みには往々にして物言いがつくのもまたお約束でして……
制限時間オーバーです

方言メモ 宮崎県からの投稿

【てげてげ】

子（または娘）が帰ってくる前に勝手に部屋に入っていること。これで同棲がばれるなど非常に気まずい状態になることも。「昨日帰ったら母親が家にいてさ～。彼女との同棲がばれちゃったよ」「うわ～おかんクライシスやな～」類おとんクライシス（埼玉県・24歳・女）

おによめ【鬼嫁】 権力が尋常でなく強く、夫を自分の思う通りに従わせている妻。「隣の奥さんは鬼嫁っぷりを発揮しているらしい」（広島県・高2・男）

おもい【想い】 ある特定の人物への思慕や好意を総称して指す言葉。「つもる」ものではなく「つのる」ものである。一般的に感情の中でも重いものであるため、あまりにつのり過ぎると身動きがとれなくなる。早めに告白なりなんなり、当たって砕けるのが望ましい。「彼女への想いは日ごとにつのるばかりだ」（東京都・高1・女）

おんし【恩師】 教えを受け、お世話になった先生。❖久しぶりに会っても自分のことを覚えてくれていなかったりすると、ちょっと淋しい。（広島県・中2・女）

かませいぬ【嚙ませ犬】 第三者として利用される立場にある人。引き立て役。「私はその二人の嚙ませ犬となっていた」（神奈川県・高2・男）補注もとは闘犬用語。試合用の犬に自信をつける目的で嚙まれ役に徹する犬のこと。最近はドラマ・漫画などで主人公の引き立て役として登場するキャラクターや、プロレスの前座を指して使うことも多い。また、自分自身が引き立て役であることを自嘲気味にいう時にもよく使われる。

カメレおんな【カメレ女】 カメレオンのように、居る場所ごとに、色（態度）を変える女のこと。類八方美人（兵庫県・中2・女）

ぎぜんしゃ【義善者】 人情に弱く自分が正しい

✎ 余裕がなく、切羽詰まる。「時間がなくあっぱる」

と思い、そのために何かできることはないかと考え実行する人のこと。「私は冷徹な人より義善者になりたい」（静岡県・中3・男）

キャベツばたけ【キャベツ畑】 ❶キャベツの畑。一面が黄緑色でモンシロチョウが飛んでいる畑。❷子供が母親などに「赤ちゃんてどこから生まれてくるの？」と聞かれた時に一瞬迷って使うセリフ。コウノトリの進化形。「あなたはキャベツ畑から拾ってきたのよ…」（埼玉県・中2・女）

きゅうはい【泣灰】 燃え尽きるほど泣くこと。失恋した人や、映画などを見て感動した人などが使う。「ずっとつき合っていた人に突然フラれて泣灰した」「もう泣灰する思いです」（千葉県・高2・女）

キューバきき【キューバ危機】 ❶一九六二年、ソ連のキューバへのミサイル搬入をめぐって生じた米ソ間の対立。❷一触即発。けんかをしそうな状況のこと。（兵庫県・高2・男）

ぐち【愚痴】 言っても甲斐のないことをぐずぐず言うこと。また、精神状態を安定させたい時にかむ一種のチューインガム。（広島県・中3・女）

くもりおとこ【曇り男】 行く先々で晴れでも雨でもなく曇りになってしまう男のこと。中途半端という意味でも使う。「天体観測ができないのは曇り男のせいだ」（大阪府・高2・男）

けっこん【結婚】 しても、しなくても、後で後悔する。（兵庫県・57歳・男）

けんきゅうしゃ【研究者】 いったい何が彼らをそこまで夢中にさせるのかが、未来永劫わからないという、むしろ研究対象的な存在。（滋賀県・中1・女）

こうふく【幸福】 良い運に見舞われること。しか

方言メモ　鹿児島県からの投稿
【あっぱる】

し、不幸がいつも背後をつけ狙っている。(広島県・中3・女)

コリントじん【コリント人】 聖書にある「コリント人への手紙」からとったものの意味を変え、何度同じ失敗をしても懲りない人。「やっぱり彼女はコリント人だね」(和歌山県・中2・女)

さんぽすすんでにほさがる【三歩進んで二歩さがる】 結局一歩しか進んでいないこと。遠回りすること。無駄なこと。(宮崎県・中2・女)

じゅうだい【十代】 十歳～十九歳の者。中でも十三歳～十九歳の者は「ティーンエイジャー」とも呼ばれ、人の一生のうちで最も多感な世代である。心がまだ柔らかく敏感であるために、多くを学び、吸収することができる。だがそれ故に傷つきやすく、不安定な時期でもある。(熊本県・高1・女)

じゅくねんりこん【熟年離婚】 長年連れそった夫婦が、夫の定年退職を機に離婚すること。「隣の鈴木さんが熟年離婚したそうだ」(大阪府・高2・男)

しょうめいしゃしん【証明写真】 自分を証明する写真。が、写真の自分を自分と認める心の広さはあいにく持ち合わせていない。(広島県・中2・女)

ぜいきん【贅金】 無駄に使われるお金のこと。「税金」ともいう。(熊本県・高1・男)

せいしゅんのいちページ【青春の一ページ】 青春時代の一生残るような輝ける思い出(学校生活や部活動、その他たわいもないことでも)が、小説やマンガのように一ページとして心に残ること。「青春の一ページやね」(香川県・高3・女)

セメントベビー ステップファミリー(子連れ再婚家庭)において新たに生まれた子供のこと。両親、連

言葉さまざま作品集――②辞書は人生

お年寄り。「といなもんは元気だね～」

れ子たち全員と血がつながっていることから、家族の絆《きずな》を強くする期待を込めてこう呼ばれる。（宮城県・32歳・女）

そうていない【想定内】 ❶危機管理において、大したことがないと抗弁すること。❷事前リサーチを十分やっていることを対外的に示すこと。❸なんとなくすごいことを考えているという表現手法のひとつ。「こんなの、想定内っすよ(^^;)」（東京都・34歳・男）❹パチンコに負けて帰る時の自分に対する言い訳。（愛知県・38歳・男）

ダイエット ❶女の口ぐせ。❷意味のないこと。❸「三日坊主」と同じ意。（高知県・高3・女）

たかねおぼえ【高値覚え】 ❶相場が下落した後も、過去の高い値付けが忘れられず、いつか元の価格に戻ると思い込んでいる状態。❷若い頃にちやほやされた記憶のある女性が、年齢を重ねてもまだ若い頃のようにちやほやされると思って高飛車な態度を取り続ける様子。（東京都・35歳・男）

たんぱくおっと【淡白夫】 妻に興味がなく、妻が髪を切ったりしても気づかず、熟年離婚されやすい夫のこと。（千葉県・高2・女）

ちょう【蝶】 ❶きれいな羽を持つ昆虫。成虫は美しいが、幼虫の時を想像するとなかなか近づけない。❷（転じて）主に小さいころ顔などのことで悩んでいた人が大人になって整形をし、急に美しくなる時に使う。（広島県・中2・女）

でたでた 人が自慢話をした時や、大口をたたいたような場合にいう言葉。「オレ今度、ハリウッドの映画のエキストラやるんだ」「でたでた」（広島県・高2・女）

とおいめ【遠い目】 ❶あきれる様子。❷切なく感

方言メモ　鹿児島県からの投稿

【といなもん】

じる様子。❸現実逃避。「間違ってカレーパンを買い、彼は遠い目をした」(栃木県・中2・女)〔補注〕本来は①②③の状況における「遠くを見つめるようなまなざし」をいうが、最近では実際にそのようなまなざしをしていなくても使用する。

どすこい【どす恋】 恋において、受け身ではなく、とにかく攻めて攻めてという積極的な姿勢や手段。決まり手は押し出し。「あんたもっと積極的に告白しなよ〜。ほらぁ、どす恋！　どす恋!!」(神奈川県・21歳・男)

ともだち【友達】 親しく付き合っている人。自分は特に親しいと思っていないが、相手が勝手に親しいと思うこともしばしば。もちろん、その逆もある。(広島県・中2・男)

とん【トン】 笑っている時などに、鼻から豚の鳴き声のような音を出すこと。またそのような人。「アハハ…ブッ」「あんたトンちゃんやねぇ」❖人を指す時はちゃん付けで使う。〔同〕豚笑い(三重県・高2・男)

なまあたたかくみまもる【生温かく見守る】 温かく見守るわけでもなく、冷たく突き放すわけでもない、ちょうどいい温度で見守ること。(大阪府・高2・男)

なみだ【涙】 女性と子供の武器。時たま男性が使っても有効な時がある。(広島県・高2・男)

にんげん【人間】 ❶ひと。人類。みんな一緒のようで、みんな違う。みんな違うからいいんだよなぁ。(広島県・中2・男)❷哺乳《ほにゅう》類サル目ヒト科に属する動物。地球を支配しているようだが、実は自然に支配されている。それに気付いていない愚かな動物。(広島県・中2・女)〔補注〕同学校・同学年からの応募作。語釈のシビアさにおける男女の差に注目。

とても。すごく。「わっぜ疲れた」「わっぜおもしろい」

【青春の一ページ】

初恋の女の子のたて笛をなめた
ピポー
青春の一ページ
おひとり様1個限りのトイレットペーパーを並んで2回買った
トイレットロール特売
ドキドキドキ
青春の一ページ
N●Kの集金に居留守を使った
次払います…
…
ピンポーン
ピンポーン
ピンポーン
青春の一ページ
ーと全ページをつづったら全15巻の大長編になった
どお？
読みたくねーー
青春全集

【バカだなおまえ】

バカだなあおまえってば♡
けっ
バカだなあおまえたち
も〜〜
ーとラブラブカップルにツッコみを入れる
悲しいなあオレ…
お…お客さま？

方言メモ 鹿児島県からの投稿

【わっぜ】

ばかだなあ、おまえ　彼女の天然ボケ・失敗がかわいくてたまらない男の発言!!（岐阜県・28歳・男）

はぐれいぬ【はぐれ犬】

四十歳以上の独身男性のことをいう。理想の女性を追い求め、気がつけば四十歳を過ぎても結婚できず、人生にも結婚にもはぐれてしまった状態のこと。類負け犬（兵庫県・45歳・男）

バブじょ【バブ女】　バブル時代イケイケだった女性。「あの子のお母さんはバブ女らしいよ」（大阪府・高1・男）

ひきょう【卑怯】　正面から立ち向かわず、ずる賢い手段をとること。しかし、いざとなるとどうしても使いたくなる手段でもある。（広島県・中2・男）

びじんしゃくめい【美人釈明】　美人の言い訳や弁解はすべて通るたとえ。❖語源は「美人薄命」だが、近年の美人は強靱《きょうじん》になってきているため、余裕綽々《しゃくしゃく》の釈明で世を渡ることを皮肉ってもいる。（東京都・30歳・女）

ふうふ【夫婦】　結婚している一組の男女。が、必ずしも仲がよいわけではない。世間体を気にして一緒にいる夫婦もいるそうだ。子供は敏感に感じとっている。（広島県・中3・女）

ぶたわらい【豚笑い】　笑いながら息を吸う時鼻が鳴り、豚の声に似ていること。お母さんが笑った時に出る。「お母さん、また豚笑いしてるー」「だって出ちゃうんだもん」同トン（静岡県・高1・女）

フニーター　❶フリーターともいえない、またニートともいえない中途半端な状態の身分にある人。❷極めてニートに近いフリーターのこと。❖フリーターとニートの合成語。（埼玉県・24歳・男）

熱い。「アチコーコーだから気をつけなさいよ！」

ぶりっこ【ブリッ娘】 自らの容姿や性格をたいそうすばらしいと思い込み、周囲の人々の機嫌を損なわせる、自意識過剰な女性のこと。❖当然、そのような女性を好きな人もいる。（熊本県・高1・男）

プレこう【プレ更】 更年期障害の前段階の時期である「プレ更年期障害」の略語。主に三十代女性の会話の中で使われる言葉。「最近、顔がほてってイライラするの」「もしかして、プレ更じゃない？」（千葉県・41歳・男）

へちまやろう【ヘチマ野郎】 ぶらぶらして役に立たないような人を指していう言葉。「あいつはまったくのヘチマ野郎だ」（京都府・中1・男）補注 ヘチマの皮、もしくはヘチマを、役に立たない・何の価値もないという意味で使うのは江戸時代からの表現。

ぼういん【忘飲】 記憶を無くすほど酒を飲むこと。酒を飲んで記憶を無くすこと。「これ以上飲むと忘飲になってしまう」「昨日忘飲して覚えていない」（神奈川県・39歳・男）

ホットマン 心が温かい人。優しくもあるし、厳しくもある。将来の夢の話や、人としての話をする時に使う言葉。「私もホットマンになりたいねん」（大阪府・高2）

またしおからかよ〜【また塩辛かよ〜】 僕の弁当に対するグチ。「また塩辛かよ〜。母ちゃん。昨日やめてって言ったじゃ〜ん」（群馬県・高3・男）

みぎからくち【右から口】 ❶右耳から入って口から出る。相手の言ったことを瞬時に理解し、答える人のたとえ。❷言われたことはすぐに言い返したくなる人のたとえ。関西人に多い。類 負けず嫌い 反 右から左へ抜ける（京都府・中3・男）

みっけんがー【ミッケンガー】 眉間にしわが

方言メモ 沖縄県からの投稿
【アチコーコー】

寄っている人のこと。「あの人ミッケンガーだ」（岐阜県・高2・女）

めんこふじゅう【麺固布柔】 そばの麺は固め、布団は柔らかめ、というように、色々なこだわりがあること。また、そのような人。「職人は麺固布柔じゃないとつとまらない」（和歌山県・中3・女）

もみじ 思い切り張り手をして、相手の背中にもみじのような痕《あと》をつける行為。（大阪府・中2・男）

ももんが【モモンガ】 二の腕がプニュプニュしていること。「モモンガやばいね」（長崎県・高1・女）
補注 二の腕のたるみは女性が気になるポイントのひとつで、モモンガの飛膜をたるみになぞらえた表現。ほかに「振り袖」とも。

もんじゃパーティー 恋に破れた寂しい人たちの集まり。もんじゃのボリュームの無さがさらに寂しさを引き立てる。「アカン…フラれた…。もんじゃパーティーして…」（大阪府・高2・男）

やきゅうじゃめしくえんぞ【野球じゃメシくえんぞ】 部活や練習ばかりして全然勉強しない時にお母さんが言う言葉。怒られる時によく言われる。（熊本県・高1・男）

ゆげとも【湯気友】 ❶温泉（風呂）を共に楽しむ仲間・友人。❷「竹馬《ちくば》の友」と違い、青年期以降の付き合いの中で、温泉（風呂）を通した裸の付き合い、腹を割って話せる友の意味。「会議であいつとはよく意見がぶつかりあうが、会社の温泉旅行以来、週末は共にスーパー銭湯に通う湯気友だ」（大阪府・27歳・男）

リサイクル 廃物の再利用。地球環境の悪化に気づくのが遅かった人間のせめてものつぐない。（広島県・中2・男）

目をくるくるさせる。「初めて行く街ではミィグルグルするさー」

ルートさん【√3】 ドケチな人。√3＝1.7320508の覚え方（人並みに奢《おご》れや）から。「おまえは本当に√3だな」（埼玉県・高2・男）

レースのくつした【レースの靴下】 はき古してかかとが薄くなって、まるでレースみたいに肌が透けて見える靴下のこと。「あっ！　あんたレースの靴下やに!!」「レースの靴下になってまったぁ」（岐阜県・高2・女）

れんせんれんしょう【恋戦恋傷】 恋愛で傷つくこと。今までの恋愛すべてで失敗していること。「恋戦恋傷だった彼にも、この春やっと彼女ができた」（埼玉県・18歳・男）

ローンレンジャー 現金がないのに欲しい物をローン（借金）で購入し、その後ローンの返済ができるかどうか疑問な人。いっぱいローン（借金）を抱えてしまい、その後生活していけるかわからないけど、何とかチャレンジしてみようとする様子。「おまえは、そんなにローンで購入して、ローンレンジャーだな」（東京都・高3・女）

方言メモ　沖縄県からの投稿
【ミィグルグル】

この本の元となったキャンペーンについて

「もっと明鏡」って、何？

気になる言葉を選び、それに自分なりの意味と解説をつける。例文を添えれば、国語辞典のパーツの出来上がり。みんなでパーツを作って持ち寄ろう。どこにもない「辞書」ができるかもしれない――。

辞書や言葉へのさまざまな「もっと」が集まると、どんな辞書ができるのか？　そんな思いから、大修館書店では『明鏡国語辞典　携帯版』新装発刊を記念し、二〇〇五年十月～翌年三月にかけて、国語辞典に載せたい言葉や意味・例文を募集するキャンペーンを実施しました。それが、「もっと明鏡」キャンペーンです。応募条件はただひとつ、既存の国語辞典の内容に留まらない、オリジナルの作品であること。学校単位で応募する「学校部門」と「一般部門」の二部門を設け、作品を募りました。

その結果、全国から、「もっと明鏡」委員会もびっくりの十一万一，四七二作品が寄せられました。その成果が、この『みんなで国語辞典！』です。キャンペーンの選考では各賞が選出されましたが、本書には入選・選外を問わず、ユニークさが光る作品を中心に約一，三〇〇作品を収録しました。

ちなみに、「もっと明鏡」はまだまだ続きます（巻末参照）。いつか本書の第二弾ができるかもしれません。今後とも「もっと明鏡」をよろしくお願いします。

◎このキャンペーンの詳細は、大修館書店ホームページをご覧ください。
http://www.taishukan.co.jp

応募総数11万1472作品のプロフィール

学校部門

小学校	中学校	高等学校	高専	計
2校	286校	215校	2校	**505校**
58作品	43,856作品	46,335作品	1,488作品	**91,737作品**

一般部門

Web応募	はがき応募	計
13,398作品	6,337作品	**19,735作品**

総計：111,472作品

一般部門… どこからの応募が多い？　（一般部門…分析対象19,735作品）

西高東低、人口比で徳島が健闘

一般部門の応募数は人口の多い都道府県が多いのですが、人口比では近畿・中国・四国が上位に。特に徳島県の健闘が光りました。

1位 徳島県　2位 東京都　3位 岡山県　4位 長野県　5位 和歌山県
6位 香川県　7位 神奈川県　8位 兵庫県　9位 京都府　10位 愛媛県

一般部門… 応募者の職業は？　（一般部門のWeb応募…分析対象6,896名）

言葉に関心の高い20〜30代の女性

一般部門応募者全体の男女比はほぼ半々ですが、20-30代の女性の割合が全体の四分の一近くを占め、この年代の女性の言葉に対する関心の高さが感じられました。

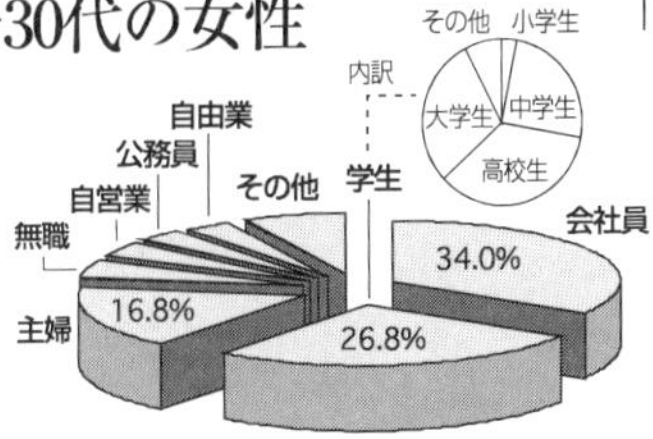

その他
小学生
内訳
大学生
中学生
高校生
自由業
公務員
自営業
その他
学生
無職
会社員
34.0%
主婦
16.8%
26.8%

一般部門… 応募作品の傾向は？　（一般部門のWeb応募…分析対象13,109作品）

「ふだんづかい」の言葉がメイン

収録作品では流行語・若者語の類が目立ちますが、一般からの実際の応募は生活の中で普通に使われる「ふだんづかい」の言葉が大半でした（本書第6章収録）。ケータイ・ネットの言葉は各世代を通じて人気でした。

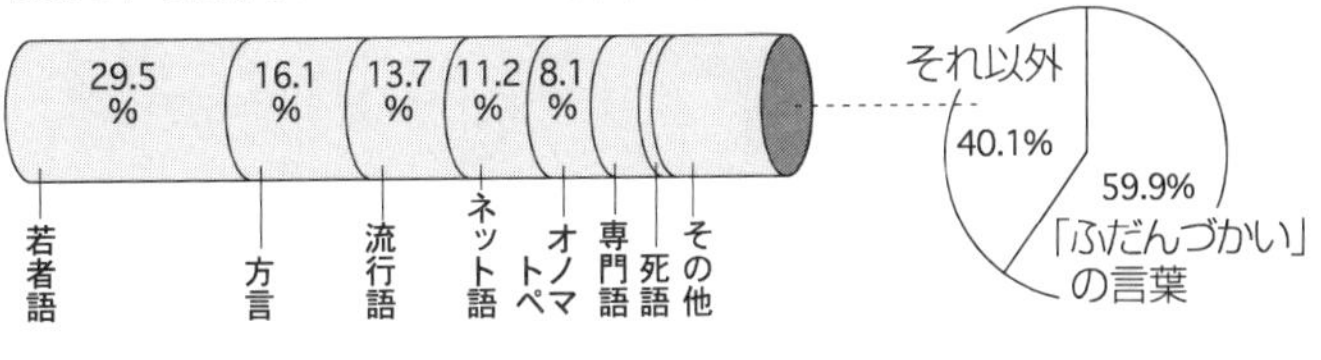

29.5%
16.1%
13.7%
11.2%
8.1%
若者語
方言
流行語
ネット語
オノマトペ
専門語
死語
その他
それ以外
40.1%
59.9%
「ふだんづかい」の言葉

『みんなで国語辞典！』を最後まで読んでくださり、
ありがとうございました。
『明鏡国語辞典』ならびに「もっと明鏡」委員会では、
気になる言葉づかいやユニークな新語など、
身の周りにある日本語のリアルな〝いま〟を
これからも追い続けていきます。

[監修者・著者紹介]

北原保雄(きたはら　やすお)

1936年、新潟県柏崎市生まれ。1966年、東京教育大学大学院修了。文学博士。筑波大学名誉教授(前筑波大学長)。独立行政法人日本学生支援機構理事長。

■主な著書

[文法関係]『日本語の世界6　日本語の文法』(中央公論社)、『日本語助動詞の研究』『問題な日本語』『続弾!問題な日本語』『北原保雄の日本語文法セミナー』(以上、大修館書店)など。

■主な辞典

『古語大辞典』(共編、小学館)、『全訳古語例解辞典』(小学館)、『日本国語大辞典 第2版』全13巻(共編、小学館)、『明鏡国語辞典』(大修館書店)など。

いのうえさきこ

漫画家。『問題な日本語』では小学生から90代まで、さらには言語学者まで、幅広い層のファンを獲得。『かなり役立つ日本語ドリル』(大修館書店)でも人気のきつねマンガを執筆。[主な著書]『スキ!がお仕事!ナリワイタイムス』(メディアファクトリー)、『嫁っとかないと。』(集英社)、『倒れるときは前のめり。』(秋田書店)など。

みんなで国語辞典《こくごじてん》!　これも、日本語《にほんご》

NDC810／viii, 196p／19cm

初版第1刷——2006年12月20日
第10刷——2007年7月20日

監修者———北原保雄《きたはらやすお》
編　集———「もっと明鏡《めいきょう》」委員会《いいんかい》
発行者———鈴木一行
発行所———株式会社 大修館書店
〒101-8466　東京都千代田区神田錦町3-24
電話 03-3295-6231(販売部)　03-3295-4481(編集部)
振替 00190-7-40504
[出版情報]http://www.taishukan.co.jp

装丁・本文デザイン——井之上聖子　図版作成——落合恒夫
印刷・製本——壮光舎印刷

ISBN978-4-469-22188-6　Printed in Japan

辞典に載せたい言葉
募集中！

あなたが国語辞典に載せたい言葉と、その意味・例文をお送りください。すでに国語辞典に載っている言葉に、新しい意味や例文を付け加えていただくのも歓迎します。本書挟みこみハガキ、もしくは、大修館書店ホームページ（http://www.taishukan.co.jp）から投稿してください。

……「もっと明鏡」の取り組みはまだまだ続きます。……
みなさまからの力作をお待ちしています。